I0462034

Miguel Domínguez Rigo

25 TÉCNICAS GRÁFICAS DE ESTIMULACIÓN CREATIVA
APUNTES BÁSICOS

Título original: 25 técnicas gráficas de estimulación creativa. Apuntes básicos.
Colección: Arte y Educación.

Copyright © 2018 by Miguel Domínguez Rigo.
Imagen de cubierta e ilustraciones interiores: Miguel Domínguez Rigo.

Todos los derechos reservados. Todo el material publicado en este libro (inclu-yendo, sin limitación, texto e imágenes) está protegido y no puede ser reproducido en todo o en parte por ningún medio sin el permiso previo y por escrito del autor.

All rights reserved. This book or any portion thereof may not be reproduced or used in any manner whatsoever without the express written permission of the Publisher.

ISBN **978-0-244-98305-5**
DEPÓSITO LEGAL **M-13964-2018**
Primera edición: mayo, 2018.

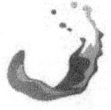

río°
creative
art
center

Río Creative Art Center
Paseo del Marqués de Monistrol nº5
Madrid 28011, España
Tel. +34 918439111   +34649199390
info@creativeartcenter.es
www.creativeartcenter.es

ID: 22812273. Lulu.com

25 técnicas gráficas de estimulación creativa

Apuntes básicos

Índice

«Nos hallamos frente al hecho paradójico de que la educación se ha convertido en uno de los principales obstáculos en el camino de la inteligencia y de la libertad del pensamiento.»

B. Russell

Introducción.

La inmensa cantidad de definiciones, test, ejercicios, artículos, ensayos, investigaciones, libros y teorías sobre la creatividad ponen de manifiesto un fenómeno complejo, actual y en constante evolución. Mediante estos apuntes básicos sobre iniciación a la creatividad gráfica y visual a través de 25 propuestas, pretendemos recopilar fundamentalmente una serie de técnicas gráficas básicas o procedimientos creados primordialmente para estimular la dicha capacidad.

El único mérito reside entonces en la recopilación realizada y en los diferentes ejemplos propuestos. Estos modelos pretenden ilustrar exclusivamente de forma clara y sencilla algunos de los múltiples recursos que diferentes autores han planteado en este sentido y algunos que hemos presentado nosotros. Por estas razones este texto nace con un marcado sentido práctico, sin pretender en ningún caso condensar todo lo concerniente a la creatividad, pues ya existen numerosos textos y autores que han consumado con éxito esta complicada empresa. Dicha capacidad tiene múltiples enfoques, aquí simplemente trataremos algunos de ellos, concretamente los que consideramos elementales para iniciarse en lo relativo a ciertas técnicas gráficas básicas de estimulación creativa.

Por lo anteriormente expuesto y por otras muchas razones podemos asegurar que la creatividad está de moda, de hecho, no es un fenómeno nuevo, prueba de ello es el interés que han demostrado desde hace años y siguen demostrando empresas, instituciones, agencias de publicidad, o centros educativos, por poner solo algunos ejemplos. La creatividad se ha abordado desde muchas perspectivas: científica, educativa, ocupacional, lúdica, etc. y en muchos contextos. Esta popularidad y democratización de la misma conlleva un riesgo, creer que la creatividad es la cura a todos los males. Es necesaria, aconsejable y por supuesto va a contribuir positivamente, pero no es una pócima mágica que nos vaya a permitir resolver todos los problemas.

Como apuntaremos más adelante y simplificando llegamos a dos formas de entender la creatividad, una más *egoísta*, que nos permite alcanzar metas, vender un producto, ser original o producir más y mejor pero que no trasciende de un circulo muy reducido y la creatividad *transformadora* que aporta una serie de cambios trascendentales o contribuciones sustanciales en beneficio de la sociedad o la cultura. Ambos tipos de creatividad son necesarios, enriquecedores y complementarios.

La creatividad se puede sostener sobre una idea, sin el producto. Pasar a la acción o materializar no siempre es requisito indispensable para las personas creativas, pero es un primer indicio necesario para el desarrollo del conocimiento y evidenciador del potencial creador.

En lo que estamos totalmente de acuerdo es en la necesidad de potenciar y desarrollar la creatividad, entendida como un derecho al que todas las personas deberían poder acceder independientemente de su procedencia, nivel socioeconómico o cultural. La creatividad favorece el desarrollo autónomo de las personas, pensar por nuestros propios medios, conectándonos con nuestro *yo* y permitiéndonos ser más libres.

Definición de creatividad.

Hay tantas definiciones de creatividad que resulta prácticamente imposible aceptar solo una, el concepto es extenso, complejo y difícilmente *"acotable"*, no obstante, podemos establecer varios indicadores que nos sirvan de punto de partida para esclarecer ideas y a su vez determinar una serie de aspectos primordiales para intentar describir lo esencial de la creatividad de forma algo menos enrevesada.

Tratando de buscar distintos puntos de vista, iniciamos este apartado calificándola como una cualidad o condición del ser humano, que germina o se origina en el cerebro. En gran parte guarda estrecha relación con la inteligencia o con los diferentes tipos de inteligencia, pues únicamente se reconoce en seres inteligentes. En contraste a esta afirmación también se podría añadir que la creatividad se puede hallar en muchos otros seres vivos, pues la naturaleza está repleta de ejemplos de adaptaciones y soluciones creativas al margen del ser humano.

En las personas la podemos descubrir como actitud, capacidad, conducta, habilidad, comportamiento, conciencia, facultad, aptitud, etc. pero en todos los casos la creatividad forma parte de un proceso mental bastante complejo que requiere de varios factores para funcionar eficazmente. Va a depender de nuestra capacidad para utilizar los conocimientos que poseemos, también dependerá de la habilidad para filtrar y seleccionar la información existente o de las experiencias que hemos adquirido a lo largo de nuestra existencia. En resumen, los procesos cognitivos sumados a otros factores como el social, el cultural, el ambiente, la motivación, la educación o el entorno, por poner solo algunos ejemplos.

La creación o la producción de algo en principio tendría mucha relación con la creatividad, pero el hecho de crear partiendo de la nada no tiene por qué implicar creatividad. Por poner un ejemplo, se identifica erróneamente la creación artística con una actividad creativa desde el instante en el que se inicia una obra, pero ¿diríamos que cualquier persona que proceda a realizar por ejemplo una escultura en arcilla es creativa? El mero hecho de acometer una tarea de tipo artístico no nos convierte inminentemente en personas creativas, al igual que tampoco nos convertiría en artistas.

Así mismo puedo crear dibujando, pintando o modelando y no ser en absoluto creativo, por lo que deducimos que la creatividad no tiene que ver con la actividad desempeñada, pese a que algunas actividades o áreas se consideren erróneamente creativas por sí mismas, tendría más relación con cómo realizamos la actividad. La ignorancia sobre el proceso artístico lleva a muchas personas a pensar de forma totalmente equivocada, que, por ejemplo, si situamos a un chimpancé con un pincel y pintura delante de un lienzo en blanco, este creará arte. Pocos serían capaces de afirmar que ese mismo chimpancé delante de un piano sería capaz de generar música.

Igualmente se puede ser creativo sin crear algo tangible, las ideas creativas pueden generar actos o derivar en acciones que no impliquen directamente un producto material. Por tanto, también podemos crear, generando ideas, asociaciones o conceptos, es decir, pensando, siempre que ese pensamiento produzca el efecto deseado.

Al acto de crear, inventar o concebir le añadimos un concepto más: la novedad. Para que algo sea creativo debería ser también original, nuevo, inesperado, único, impactante o distinto. No se trata de crear únicamente productos, ideas o soluciones nuevas y sorprendentes, ya que también es posible reorganizar o transformar diferentes elementos ya conocidos de forma que den lugar a nuevas asociaciones. Los conceptos, las ideas, las respuestas han de ser por tanto originales por sí solas o bien novedades generadas a través de la combinación de procesos, nuevas conexiones o mediante relaciones anteriormente inexistentes. La creatividad también nos permite hacer las mismas cosas, pero mejor hechas.

Añadimos un concepto más: la utilidad. Un producto, una idea o una solución creativa debe ser útil y efectiva, servir para un fin, tener un propósito y aportar una solución de calidad, ser práctica o eficiente. En este marco hablamos de la creatividad aplicada, pues para que se den respuestas relevantes, transformadoras o pertinentes, debemos detectar una necesidad previa, ser capaces de identificar el problema para hallar las posibles soluciones es igualmente prioritario, pues si no tenemos claro cuál es la cuestión por perfeccionar, difícilmente hallaremos una respuesta adecuada y eficaz. Ser consciente de que pueden presentarse distintas formas de ver las cosas, distintos puntos de vista es algo normalmente ligado a la creatividad. Evidentemente pueden existir varias soluciones a un mismo problema, el pensamiento divergente y la flexibilidad son muy importantes dentro de la creatividad, pero no imprescindibles. Se puede ser creativo sin necesidad de generar múltiples alternativas o respuestas o utilizando complementariamente el pensamiento convergente. Creatividad y pensamiento divergente no son sinónimos, es recomendable entrenar este tipo de pensamiento y normalmente muchas de las técnicas de estimulación creativa, incluso la gran mayoría se dirigen en este sentido, pero no debemos confundir conceptos.

De la misma forma, confuso sería equiparar imaginación con creatividad. Imprescindible es imaginar, pero una imaginación desbordante no tiene por qué implicar creatividad si no va acompañada de valor y originalidad y esta es adecuada al contexto.

Pensamiento lateral, pensamiento divergente, imaginación, innovación, ingenio, flexibilidad mental, capacidad resolutiva, pensamiento visual, etc. son términos y expresiones que se asocian a la creatividad. Pero confundir o atribuir todos estos términos al concepto de creatividad podría dar lugar a errores.

Con afán sumatorio intentamos también concretar la complejidad de la creatividad y delimitarla mediante una seguramente escasa definición:

Idea, proceso, acción o creación destinada a solventar un problema u ofrecer una solución novedosa, material o inmaterial que sea original, útil y valiosa, identificando o detectando previamente las carencias que han motivado dicha respuesta.

En este sentido podemos añadir la definición de creatividad formulada por Ellis Paul Torrance (1965):

"La creatividad es un proceso que vuelve a alguien sensible a los problemas, deficiencias, grietas o lagunas en los conocimientos y lo lleva a identificar dificultades, buscar soluciones, hacer especulaciones o formular hipótesis, aprobar y comprobar estas hipótesis, a modificarlas si es necesario además de comunicar los resultados"

Igualmente, interesante es la definición de creación de José Antonio Marina (2006):

"Crear es hacer que algo valioso que no existía, exista"

Tipos de creatividad.

Básicamente los podemos reducir a dos. Con seguridad esta es una visión algo simplista, ya que sitúa la creatividad en función de los intereses de la misma, pero nos permite una clasificación más sencilla y clarificadora puesto que, en definitiva, la mayor parte de las veces debiera existir un provecho o un rendimiento evidente cuando ponemos a trabajar nuestra creatividad.

Creatividad superflua: aquella que trabaja para uno mismo, ya sea de forma espontánea o intencionadamente. Igualmente, de forma más consciente para terceras personas, empresas, organizaciones o colectivos con una finalidad esencialmente productiva o al servicio de intereses muy localizados. Aunque igualmente necesaria este tipo de creatividad en algunos supuestos puede ser egocéntrica, materialista, interesada y en ocasiones trivial.

Creatividad trascendente: aquella que asume un propósito de mayor envergadura relacionado con el desarrollo integral de las personas. La creatividad al servicio del crecimiento y del progreso de todos los individuos, entendiendo este avance como una forma de mejorar la sociedad y el mundo en que vivimos. Si el ser humano es capaz de progresar personalmente hacia la empatía, la sensibilidad, el altruismo, el conocimiento, la reflexión, el respeto, u otro tipo de valores, podrá a su vez avanzar en la mejora colectiva. En definitiva, trabajar a favor de la evolución a mejor del ser humano. Esta concepción de creatividad requiere de una capacidad de miras mucho mayor, más amplia y diversa, así como de una concepción más generosa de la vida, como un camino que no recorremos solos, un camino que hemos de preparar para otros mientras caminamos para cuando nosotros ya no podamos transitar por él.

Si bien la creatividad se reclama desde muchos ámbitos para alcanzar de forma eficaz determinados objetivos, metas o para salvar obstáculos concretos, debemos recordar que esta no se puede situar únicamente al servicio de intereses particulares o a corto plazo, por muy satisfactorios que sean los resultados. Hemos de ser conscientes, sobre todo cuando nuestro propósito es didáctico y pretendemos trasladar o enseñar en la medida de lo posible de qué trata todo lo relacionado con la creatividad, o desarrollarla desde la infancia, o mostrar que existe la posibilidad real de trabajar para un propósito mayor y conectado con necesidades esenciales para el desarrollo humano tanto a nivel individual como colectivo. La creatividad ha permitido el desarrollo y la evolución, se trata pues de un proceso en continua transformación, ya sea como un proceso interno o externo.

En nuestra mano está la posibilidad de utilizar todo nuestro potencial creativo centrando nuestros esfuerzos en una evolución positiva dirigida hacia un crecimiento personal o para el desarrollo y el enriquecimiento de la sociedad. Por el contrario, nuestra intención puede ser negativa y si la finalidad está relacionada con un retroceso del ser humano, o si su finalidad es hacer el mal, (como por ejemplo algunos de los artilugios utilizados por la Inquisición española para torturar, eficaces y novedosos pero reprobables), en este caso no podríamos hablar de un avance porque si nuestra creatividad no es transformadora de la realidad en pro de una mejora constante, quizás no deberíamos considerarla como eficaz. El tipo de logros determinará por tanto el tipo de creatividad.

Preguntas frecuentes sobre creatividad.

I. ¿Las personas más inteligentes son más creativas?
    Si bien hemos indicado que la creatividad tiene
    que ver con la inteligencia y esta es necesaria, no
    es indispensable poseer una capacidad mental ex-
    traordinaria para ser creativo. Un cociente
    intelectual elevado no tiene por qué incrementar
    nuestra creatividad, pues es posible ser muy inte-
    ligente y limitado creativamente.

II. ¿Se puede medir la creatividad?
    No de forma precisa ni en toda su magnitud.
    ¿Cómo medir algo tan inabarcable? Constatamos
    la existencia de numerosos test y pruebas, pero no
    hay una única vía, ya que las respuestas de la
    creatividad son ilimitadas, en número y en ámbi-
    tos, por lo que necesitaríamos muchos test y
    pruebas diferentes para acercarnos a resultados
    objetivos y concluyentes. Sin embargo, es posible
    determinar variaciones mínimas según las dife-
    rentes variantes de creatividad existentes.

III. ¿Se puede aprender a ser creativo?
    La creatividad se puede entrenar, puede ser y
    debe ser desarrollada y estimulada desde la infan-
    cia, pues existen fórmulas que permiten practicar
    diferentes técnicas creativas, no obstante, deter-
    minadas actitudes y capacidades innatas son

consideradas necesarias o al menos recomendables. En principio, creemos que, pese a que algunos factores inherentes al propio individuo son importantes, la creatividad no es esencialmente cognitiva, se puede potenciar y ejercitar la creatividad de forma eficiente si utilizamos los recursos adecuados. No es lo mismo que enseñar la creatividad (algo complicado) que fomentar estrategias que nos ayuden a ser más creativos.

IV.   ¿Es complicada la creatividad?
La creatividad es muchas veces confundida con la genialidad de unas pocas personas o al menos con cierta complejidad innata, pero la creatividad y su desarrollo no tiene porqué implicar gran dificultad. Las niñas y niños exploran, investigan y descubren siempre que se les permita y desarrollan gran parte de su creatividad de forma natural, son los adultos quienes no admiten la equivocación (fundamental para crear) complicando el proceso creativo. Igualmente, las respuestas creativas no tienen que surgir necesariamente de un arduo proceso, lo simple puede ser creativo precisamente por su simplicidad, independientemente de la capacidad de resolver o sintetizar algo complicado transformándolo en algo sencillo.

V. ¿Es necesaria la motivación para ser creativo?

Es muy recomendable pero no imprescindible. Con las técnicas adecuadas de motivación obviamente podremos lograr mejores resultados, sobre todo en aquellas personas que poseen más carencias o bloqueos creativos. La motivación se presenta necesaria en otras muchas tareas sean creativas o no y no siempre da sus frutos, por lo que la motivación en cualquier caso debe estar focalizada en conseguir que surja la creatividad, algo que, debido al proceso dinámico y cambiante que caracteriza a la creatividad, no siempre es sencillo.

Los bloqueos creativos.

Simberg (1975) establece una serie de bloqueos que poseemos la mayoría de las personas y que inhabilitan nuestra
capacidad creativa, esta clasificación se ha mantenido bastante
vigente y si bien otros autores posteriores han realizado nuevas aportaciones y matices, creemos indispensable conocer
una síntesis de su contribución:

Bloqueos perceptuales.
(Perceptivos/aspectos cognitivos):
1-Dificultad para aislar el problema.
2-Limitación causada por la limitación excesiva del problema.
3-La incapacidad de definir términos.
4-La incapacidad de utilizar todos los sentidos para la
observación.
5-Dificultad de percibir relaciones remotas.
6-Dificultad para investigar lo obvio.
7-Dificultad de distinguir entre causa y efecto.

Bloqueos culturales.
(Culturales/valores aprendidos):
1-El deseo de adaptarse a una norma aceptada.
2-Debemos ser ante todo prácticos y económicos, por eso
a menudo el juicio se emite antes de tiempo.
3-No es de buena educación ser muy curioso, ni es muy
inteligente dudar de todo.

4-Darle demasiada importancia a la competencia o a la cooperación.

5-Demasiada fe en la lógica y en la razón.

6-Tendencia a adoptar una actitud de todo o nada.

7-Demasiados o muy pocos conocimientos sobre el tema.

8-Creer que no vale la pena permitirse fantasear.

Bloqueos emocionales.
(Emocional/inseguridades y miedos):

1-Temor a equivocarse o hacer el ridículo.

2-Aferrarse a la primera idea que se nos ocurre.

3-Rigidez de pensamiento.

4-Sobremotivación para triunfar rápidamente.

5-Deseo patológico de seguridad.

6-Temor a los superiores y desconfianza de los compañeros.

De todo lo expuesto anteriormente deducimos que existen ciertos bloqueos que nos condicionan desde el exterior y otros que provienen de nuestro interior. Ambos tipos son difíciles de erradicar y si bien hay que intentar ser consciente de qué forma nos afectan, es imprescindible comenzar a valorar aquellos bloqueos en los que tenemos un mayor poder de decisión y que por tanto podremos modificar con mayor efectividad. En la práctica docente se evidencian muchos de estos bloqueos, por poner un ejemplo, en el aula con alumnado adulto hemos podido comprobar que, a pesar disponer de los materiales, de haber explicado los pasos a seguir, de tener todos los elementos preparados para iniciar una actividad, el momento crítico no tiene que ver con el manejo de la técnica propuesta, ni con la falta de tiempo, principalmente el mayor bloqueo tiene relación con no saber qué hacer, con la falta de ideas. La misma actividad realizada por niños de 6 años, arroja resultados completamente diferentes, es posible que surja alguna dificultad a la hora de operar con las herramientas o los materiales, pero por norma general no muestran ningún temor sobre qué hacer, las ideas no presentan obstáculos, surgen de forma fluida y continuada.

Hay que intentar, como hemos apuntado, detectar los bloqueos que nos impiden avanzar incluso antes de empezar y localizar aquellos sobre los que podemos trabajar más y mejor. Muchas veces nosotros mismos somos nuestro principal enemigo creativo, nos censuramos, nos castigamos y cerramos los ojos evitando cualquier atisbo de creatividad. Hay que añadir que no es tan sencillo eliminar los bloqueos, pues muchos de ellos forman parte inseparable de nuestra forma de ser y de percibir lo que nos rodea, no obstante, es mucho mejor probar e intentar mejorar que no hacer nada. Partiendo de nuestra experiencia docente hemos resaltado cuatro de los bloqueos creativos más comunes, sobre todo en lo relativo a las técnicas gráficas y visuales, estos bloqueos son susceptibles de un cierto grado de maniobra encaminado a intentar que su incidencia en nuestro proceso creativo sea mucho menor:

Obligación de realizar una buena ejecución. Nadie quiere hacer las cosas peor que los que están a su alrededor, no queremos que se rían de nosotros. Tenemos mucho miedo a hacer las cosas mal, a equivocarnos o a que nos juzguen los demás. Hemos de quedar siempre bien, incluso es preferible no intervenir, aunque no sepamos la reacción ante lo que hubiésemos hecho de no bloquearnos. Hacemos lo que sabemos hacer bien, pero siempre que ello nos garantice la aprobación del resto. No queremos hacer el ridículo, pero en realidad no sabemos si lo vamos a hacer o simplemente se trata de una percepción propia y subjetiva. En el terreno de las respuestas completamente gráficas este bloqueo se manifiesta aun con mayor intensidad, ya que, por norma general, si el dibujo no es una fiel imitación de la realidad, se considera malo.

Tendencia a evitar los conflictos. No deseamos exponernos a situaciones conflictivas, algunas de estas situaciones pueden ser generadas al intentar cambiar o mejorar una situación o proceso. La novedad o su búsqueda puede interferir en nuestra sensación de seguridad, el cambio, a veces necesario en el proceso creativo, causa incertidumbre y por tanto lo evitamos, es por tanto un anhelo patológico de bienestar que hay que desterrar.

Pereza para indagar. El inicio de una respuesta a un problema es simplemente eso, un inicio, con esto queremos indicar que debemos realizar un esfuerzo por ir más allá y no quedarnos con lo primero que se nos ocurre a no ser obviamente que se trate de una idea brillante. Sin embargo, muchas de las grandes ideas, lo son porque hemos seguido trabajado sobre la respuesta inicial, porque hemos sido curiosos o porque esa primera idea según hemos ido avanzando en nuestro trabajo nos ha sugerido otros caminos mucho más válidos. Hay que dudar hasta de nuestras propias ideas, hacerse preguntas y cuestionar. Cambiar no es fácil, descartar la primera respuesta si no nos convence, en ocasiones requiere decisión y puede suponer un riesgo, pero cuantas más opciones, mayores oportunidades de éxito tendremos.

Cuando la lógica y la razón prevalecen. Para que la imaginación sea efectiva debe servir a un propósito, debe sernos útil, debe ayudarnos a conseguir nuestros objetivos. Imaginar sin más no implica necesariamente que seamos creativos, pero lo contrario, no permitirnos imaginar, explorar nuestras ideas, pensar, será igualmente un grave error. Muchas de las cosas que nos rodean hoy no existirían si se hubiese aplicado la lógica o la razón en el momento o en la época en las que fueron ideadas, lo mismo sucede con la creación artística, donde ideas que en su momento desafiaban la prudencia y el entendimiento razonable, hoy son totalmente aceptadas y muy apreciadas. Consecuentemente, no todo tiene por qué tener límites razonables y prudentes, teorizar usando nuestra imaginación es necesario, aunque a veces de como resultado ideas absurdas o fantasiosas.

La creatividad gráfica y visual.

Las imágenes poseen una enorme incidencia y un gran potencial para transmitir pensamientos, conocimientos y comunicar. De hecho, la mayor parte de la información que consumimos es visual y debido a ello las herramientas que nos permiten generar imágenes se presentan como uno de los medios más efectivos para estimular y desarrollar la creatividad.

Posteriormente exploraremos algunas técnicas donde utilizaremos básicamente el dibujo por ser una forma de comunicación y un lenguaje con un alto potencial que nos va a permitir no solo dar forma a nuestras ideas, también solucionar problemas y ofrecer respuestas de forma que se estimule nuestra imaginación y nuestra mente. Dentro del apartado de la creación gráfica el dibujo es un lenguaje básico y del todo necesario, una herramienta imprescindible para poder comunicar ideas de forma gráfica, aunque solo sea inicialmente, igualmente favorece la experimentación, dada la cantidad de matices y formas posibles de transmitir a través del dibujo.

El lenguaje visual es un lenguaje completo en sí mismo, pues a través de él se pueden representar y describir cosas, hechos, acciones, conceptos, etc. difícilmente describibles por otros medios. Debe quedar claro que para expresar o transmitir ideas y conceptos mediante el dibujo no es necesario dibujar bien. Creemos que para poder asimilar bien esta afirmación tan sencilla es necesario previamente desterrar falsas ideas preconcebidas o prejuicios.

En la práctica diaria nos hemos encontrado constantemente con esta errónea creencia, Por lo general las personas que se enfrentan con determinadas pruebas o ejercicios que requieren del uso del dibujo para su ejecución se muestran preocupadas y angustiadas, inclusive antes de comenzar. Los primeros comentarios versan sobre una incapacidad manifiesta para el dibujo (entendido exclusivamente como una forma de arte), comentarios basados en una idea anticipada y en ningún caso contrastada sobre lo que se espera de dichos dibujos. En parte esta animadversión por el dibujo se debe a los diferentes bloqueos creativos, pero también por la creencia generalizada que se nos inculca desde la infancia, donde un dibujo es mejor cuanto mayor sea su parecido con la realidad, cuanto más fiel y exacta sea su representación o valorado según criterios estéticos relacionados con la belleza y la proporción. Desde la infancia se castiga la falta de similitud o la interpretación subjetiva de la realidad, premiando la homogeneidad y obviando un lenguaje muy importante e imprescindible cuya pretensión no es únicamente artística, motivo por el cual no nos debería extrañar que muchos niños dibujen y sean pocos los adultos que lo continúen haciendo.

La capacidad de la representación gráfica es infinita, es directa y rápida. Existen tantas formas de dibujar como personas habitan en el mundo, no hay una única forma correcta de dibujar, de hecho, existen múltiples formas oportunas de trasmitir una idea o concepto a través del dibujo, sin que este sea una imitación fidedigna y verosímil de la realidad. La expresión y la comunicación visual no tienen por qué implicar imitación. La pérdida del miedo a dibujar en muchas ocasiones se soluciona dibujando mucho y evitando los condicionantes externos que nos imposibilitan crear libremente. El dibujo como parte de un proceso artístico o comunicativo nada tiene que ver con las manualidades y esta confusión en muchos casos también impide progresar en este sentido, pues no hay ninguna semejanza con una destreza meramente manual. En todos los ejercicios y pruebas de tipo gráfico o visual realizados, el proceso tiene una trascendencia muy importante, inclusive a veces es más importante el proceso que el resultado en sí mismo.

La apertura de posibilidades, la flexibilidad que implica este tipo de recursos, también se puede percibir en parte como un inconveniente y no como una ventaja. Enfrentarnos a lo desconocido, realizar una tarea de forma inusual implica en muchos casos una nueva forma de proceder a la cual seguramente no estemos acostumbrados y precisamente esa falta de costumbre puede limitar la percepción sobre nuestras capacidades reales. Creemos entonces erróneamente que no estamos lo suficientemente preparados para expresarnos de forma gráfica, creemos que no vamos a ser capaces o que las personas que están a nuestro alrededor van a evaluar nuestra habilidad para expresar o comunicar gráficamente únicamente mediante la correcta imitación de la realidad. Hemos de lograr que el dibujo o cualquier medio de expresión gráfico plástico, sea al menos una herramienta más, orientada a generar una actitud más creativa. Obtenemos mejores resultados cuando las personas que realizan este tipo de prácticas se habitúan a su uso y dejan atrás los prejuicios y los miedos, centrándose en una transmisión amplia y primaria de ideas y conceptos, es entonces cuando el potencial creativo que en mayor o menor medida la mayoría de las personas poseen, encuentra una vía idónea para ser fomentado y desarrollado.

El dibujo igualmente puede ser un medio para llegar a otra serie de procesos gráficos. No todas las técnicas gráficas de estimulación creativa se reducen al dibujo como herramienta básica, pero sí, muchas de esas propuestas en las que el lenguaje del dibujo tiene un papel fundamental nos sirven para llegar a ideas creativas o para ser traducidas a otro tipo de técnicas. Las metáforas visuales son un excelente ejemplo de elementos altamente efectivos y creativos que se usan, por ejemplo, en publicidad. Analogías, hipérbolas, dramatizaciones, contrastes, extravagancias, ironía, humor, etc. son algunos ejemplos de recursos visuales a los que podemos acceder a través de diferentes propuestas. Hemos de recordar y destacar que el dibujo nos va a dar acceso (aunque no seamos buenos dibujantes) a representar estructuras complicadas o conceptos abstractos, que serían difícilmente descriptibles de forma verbal.

Hay que interiorizar y asimilar la práctica gráfica y visual como un recurso propio, como sujetos activos y creadores y no como sujetos pasivos y receptores, entonces es cuando emerge todo el potencial que posee el dibujo, pues como ya hemos indicado es una forma muy efectiva de concebir ideas y de comunicarlas.

Debe fluir un diálogo dinámico y libre, siendo necesario igualmente que la creación a través del medio gráfico forme parte de una serie de experiencias visuales basadas en la reflexión y en el pensamiento, nuevas experiencias sumatorias que a través de diferentes técnicas se vayan consolidando como parte indispensable del proceso cognitivo y de nuestra forma de crear y de ser más creativos. Si somos capaces de redescubrir y de volver a enseñar la experiencia gráfica y visual como una experiencia enriquecedora, altamente productiva y creativa, habremos conseguido progresos en la buena dirección.

Técnicas gráficas de estimulación creativa.

Es posible utilizar diferentes técnicas y materiales cuando procedemos a realizar diferentes propuestas visuales de estimulación creativa, máxime cuando las técnicas, materiales y procesos del siglo XXI son muy diversas y abundantes, no obstante, hemos incluido primordialmente algunos de los planteamientos donde el dibujo es el gran protagonista, por un lado porque el dibujo forma parte indispensable del conocimiento y de la práctica del proceso creador, visualmente hablando y por otro lado para evitar el uso de otras técnicas que, aunque igualmente válidas y aconsejables requieren de una mayor infraestructura y preparación. Sin embargo, recomendamos siempre que se disponga de los medios necesarios, incluir de forma complementaria otras técnicas y procedimientos artísticos como pueden ser la pintura, el modelado, el collage, el ensamblaje, los objetos encontrados o *ready-made*, etc.

La selección que presentamos es solo una insignificante muestra, pues existen multitud de procedimientos posibles e infinidad de variantes. Hemos escogido algunos ejercicios que por sus características facilitan su ejecución, ofreciendo igualmente un gran potencial para desarrollar y estimular la creatividad, si bien es necesario un entrenamiento continuo y variado para obtener resultados, el dibujo puede proporcionar la autonomía imprescindible, ya que no es necesario un alto grado de detalle o destreza para poder realizar satisfactoriamente cualquiera de los planteamientos. Los ejemplos expuestos han sido dibujados por la misma mano, pero como ya hemos indicado las formas de proceder son ilimitadas e igualmente válidas.

Para perder el miedo y comenzar a dibujar podemos utilizar diferentes técnicas que nos ayuden a entender que el dibujo es una herramienta altamente efectiva, característica y propia del ser humano, que hemos dejado de utilizar porque no nos han enseñado a hacerlo adecuadamente o porque nos han enseñado mal, propiciando que condenemos o releguemos el dibujo a un segundo plano o no lo volvamos a utilizar. Consecuentemente, las primeras técnicas deben ser las más sencillas tanto en su comprensión como en su ejecución, para paulatinamente incorporar propuestas de una mayor complejidad, que permitan un desarrollo gradual que genere mayor confianza.

En todas las sugerencias prácticas que presentamos, el pensamiento divergente posee un mayor protagonismo y todas están diseñadas para ser realizadas de forma individual a pesar de que muchas de ellas se pueden desarrollar de forma colectiva. Con necesidad de acotar y establecer límites hemos escogido una única categoría donde ubicar las 25 propuestas que presentamos:

Analogías, provocación formal, sugestión visual o estimulación perceptiva.

Para esta selección hemos de proporcionar una serie de estímulos externos que sirvan de apoyo o punto de partida a modo de arranque orientado hacia creación de ideas que en este caso se materializarán de forma gráfica. Buscamos mediante este tipo de técnicas el descubrimiento, la creación, el ingenio, las asociaciones múltiples, las nuevas relaciones o nuevas versiones, interpretaciones o transformaciones y diferentes puntos de vista, donde los procesos analógicos van a resultar imprescindibles. No obstante, este tipo de pensamiento no es excluyente y se requiere igualmente del pensamiento convergente para poder concretar muchas de las respuestas generadas.

Así pues, en términos de efectividad, las técnicas gráficas que demuestran un mayor potencial de estimulación creativa son aquellas que no se limitan a la simple reproducción o imitación de la realidad. Aquellas que son capaces de estimular nuestra mente para conseguir generar nuevas imágenes o relaciones visuales mediante diferentes estímulos que logren involucrar en el proceso conocimientos y experiencias previas, son las más valiosas. Todas las técnicas que hemos seleccionado poseen este denominador común. Vigotsky (2008) en relación con la capacidad de nuestra mente para generar nuevas ideas y no estancarse únicamente en reproducir lo ya realizado, señala:

"Es precisamente la actividad creadora del hombre la que hace de él un ser proyectado hacia el futuro, un ser que contribuye a crear y modifica su presente"

44

Metodología.

Hemos tenido constancia de algunas de las técnicas aquí presentadas a través de su puesta en práctica en diferentes entornos educativos de forma autónoma e independiente durante nuestra experiencia docente, algunas de ellas ya publicadas recientemente (Domínguez, 2018), no obstante, igualmente hemos constatado que dichas técnicas no son de creación exclusiva, pues mediante una primera fase de exploración e investigación de los diferentes recursos creativos existentes, hemos hallado estas mismas técnicas o similares con mínimas variaciones. Otras técnicas se podrían catalogar como invenciones propias, en parte o en su totalidad (nº7, 10, 21 y 22) a pesar de no haber indagado en la búsqueda de propuestas similares. A partir de esta exploración inicial de recursos, iniciamos una breve, pero interesante revisión de la información disponible principalmente en internet sobre las técnicas gráficas de estimulación creativa.

La elección de internet como fuente principal de información se debe a varios factores: existen multitud de imágenes de diferentes autores que muestran obras o trabajos gráficos con un alto componente creativo sin que haya una conexión manifiesta con una hipótesis creativa, pero que no se encuentran por otros medios. Igualmente existen infinidad de compendios sobre técnicas creativas, y a pesar de encontrarse combinados con técnicas que no tienen relación con la parte gráfica y visual pueden extraerse conclusiones acertadas sobre aquellas técnicas más utilizadas. Es, en definitiva, la variedad de respuestas de muy diversas procedencias y autores, lo que ha constituido un factor de peso para su elección como fuente principal de información, al no limitarnos a un único estudio o autor, ampliando así el espectro, pues la variedad de respuestas es en esta área un componente determinante. No obstante, para admitir algunos de estos ejemplos, ha sido necesario emplear una estrategia de búsqueda selectiva, de consulta, comparación y análisis, pues al igual que internet nos provee de una amplia información relevante, también existe numerosa información inconexa, aislada e insustancial. Al no hallar una recopilación extensa y organizada sobre las diferentes técnicas, hemos procedido a realizar una primera selección de 25 técnicas en base a tres indicadores y a cuatro objetivos relevantes:

Criterios de selección:

-Reconocimiento e influencia de la técnica. Técnicas que son citadas como principales recursos en diversas fuentes.

-Viabilidad de la técnica. Técnicas que no requieran una complicada infraestructura para su correcta ejecución y que igualmente se puedan realizar sin que sean necesarios conocimientos específicos o una habilidad especial para el dibujo.

-Efectividad de la técnica. Mediante su puesta en práctica y a través de la visualización y el estudio de los resultados, se ha constatado que dichas técnicas son eficientes al lograr el objetivo principal (estímulo creativo).

Objetivos perseguidos:

-Establecer las bases para una posible ampliación de la investigación sobre las diversas técnicas gráficas de estimulación creativa.

-Determinar la viabilidad y la efectividad de las técnicas mostradas, mediante la realización de las mismas. (Imágenes de elaboración propia).

-Recopilar algunas de las técnicas más elementales de estimulación creativa desde el punto de vista gráfico y visual.

-Registrar y mostrar mediante ejemplos gráficos dichas técnicas.

Estos objetivos y los criterios escogidos para la selección de la información disponible en internet obviamente pueden ser ampliados y mejorados, pero han servido en un primer momento como elemento catalizador de esta recopilación, donde los ejemplos que se muestran únicamente persiguen ilustrar algunas de las posibles e infinitas formas de ejecución, incluyendo buenas y malas ideas, así como acertadas y desacertadas ejecuciones.

25 técnicas gráficas de estimulación creativa.

La denominación de las técnicas que mostramos se ha realizado en base principalmente a su contenido, pues no hemos hallado un criterio común o compendio descriptivo alguno que pueda proveernos de una serie de términos comunes o normalizados, únicamente las propuestas presentadas en quinto y treceavo lugar se conocen comúnmente o de forma generalizada como *"Fold-In"* y *"Blackout poetry"* respectivamente, en su designación en inglés.

La selección de 25 técnicas que presentamos es solo una insignificante muestra, pues existen multitud de procedimientos posibles e infinidad de variantes sin catalogar. Fuentes y Tejada (2013) en su artículo sobre la creatividad visual: técnicas y aplicaciones, establecen una clasificación en dos grupos: técnicas individuales y técnicas grupales. Dentro de las técnicas individuales (las que nos ocupan) se describen cinco apartados:

"1. Analogías y sinestesias. 2. De los sueños y el subconsciente.3. Iconos, Mandalas y Mindfulness.4. Técnicas de boceto y sus variantes: Microdibujos, Morphing, Ideart... 5. Dibujar el pensamiento: Pescados, burbujas, pétalos... y mapas mentales" (p13-16)

Si bien nos advierten sobre la existencia de otros métodos no reflejados, pero igualmente adaptables al espacio de lo visual y que la investigación se encuentra en constante desarrollo, no se incluyen ejemplos gráficos que apoyen las diferentes técnicas descritas a pesar de tratarse de una investigación relacionada con técnicas gráficas y visuales.

Así pues, deducimos que nos encontramos (a diferencia de lo que ocurre en otras áreas) con serias dificultades para hallar una clasificación o un repertorio que concentre las diferentes técnicas conocidas sobre creatividad gráfica y visual, a lo que hay que añadir que, debido a las peculiaridades de la práctica artística, muchas de las técnicas que se aplican en el ámbito de la creación artística no se registran como tales. La creatividad no es exclusiva del arte, pero su riqueza es su gran virtud y una de sus principales debilidades, debido a la gran complejidad que supone establecer una guía de actuación o un repertorio gráfico sobre técnicas gráficas de estimulación creativa. La heterogeneidad va a ser pues una constante que dificulta la visibilidad en términos de análisis y recopilación de las diferentes técnicas.

Partiendo de estos hechos procedemos a establecer una de las muchas posibles vías de actuación en lo relativo a su agrupación, sin más pretensión que transmitir al lector algunas de las técnicas gráficas que en nuestra opinión mejor se adaptan al fin para el que fueron creadas.

1. GARABATOS.

Como primer ejemplo, proponemos un recurso gráfico que todos en mayor o menor medida hemos producido sin aprensiones de ningún tipo en algún momento cuando apenas teníamos dos años de vida: garabatos. La diferencia de esta primera propuesta con el resto reside en una particularidad muy relevante de la misma, aquí el punto de partida, el germen que va a originar las posibles respuestas, lo crea la propia persona, por lo que se establece una conexión más estrecha, ya que todo el proceso desde el inicio hasta el final es elaborado por el sujeto, a diferencia de aquellas propuestas donde el elemento o elementos iniciales son proporcionados por otros cauces o personas.

Podemos asegurar que pocas personas manifiestan reparos en realizar garabatos sobre una hoja en blanco, la inmensa mayoría se siente capacitada para trazar este tipo de líneas, máxime cuando se indica que dichas líneas deben hacerse con los ojos cerrados. Con los ojos cerrados en principio para evitar en la medida de lo posible condicionar los resultados, ya que se busca realizar una serie de líneas en forma de garabatos sin que estas se realicen con intencionalidad formal alguna. Las líneas deben ocupar la mayor parte del soporte y a ser posible deben ser numerosas, ya que un garabato con pocas líneas ofrece menos posibilidades, pero considerando que igualmente no es conveniente un exceso de las mismas. Es posible realizar el garabato mediante una única línea realizada sin levantar el lápiz, bolígrafo, rotulador, cera, etc. del papel.

Una vez obtenido el garabato, la técnica consiste en utilizar los contornos generados por dichas líneas como un catalizador que va a permitir generar formas reconocibles, dichas formas no tienen por qué ser complicadas, pueden ser elementos muy sencillos. A veces puede ser necesario girar el soporte hasta reconocer la primera forma e indistintamente podemos identificar una o más formas, de cualquier tipo, tamaño y en cualquier posición. La forma reconocida se puede resaltar mediante muchos procedimientos, pero habitualmente se suele hacer mediante el aumento del grosor de las líneas que conforman el contorno, cubriendo con un mismo tono la figura resultante o bien envolviendo la figura mediante el fondo, contrastando así figura y fondo.

En la imagen 1, el ejemplo de la izquierda muestra tres caballos, mientras que el ejemplo de la derecha (girada la hoja 180 grados) muestra cuatro animales marinos, por lo que deducimos que, si bien no es necesario, es posible identificar elementos pertenecientes a un mismo grupo en un mismo garabato. La imagen 2, descubre en ambos casos un único elemento principal que conforma toda la escena, en la parte izquierda se distingue una mujer sentada de espaldas al espectador y en la parte derecha descubrimos una escena completa formada por una barca sobre el mar con la vela enroscada en el mástil y una nube de tormenta de fondo. En las imágenes 3 y 4 podemos descubrir 6 formas diferentes.

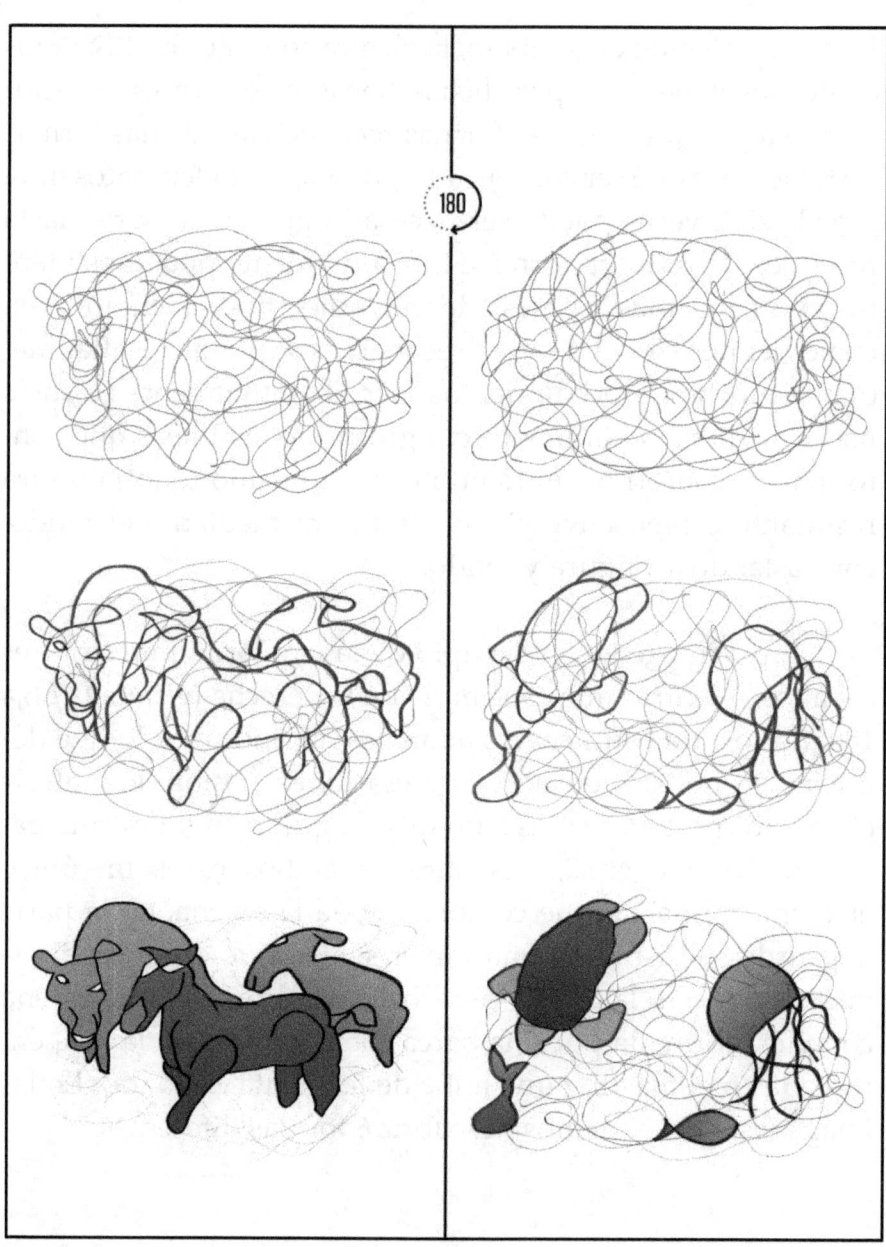

Imagen 1

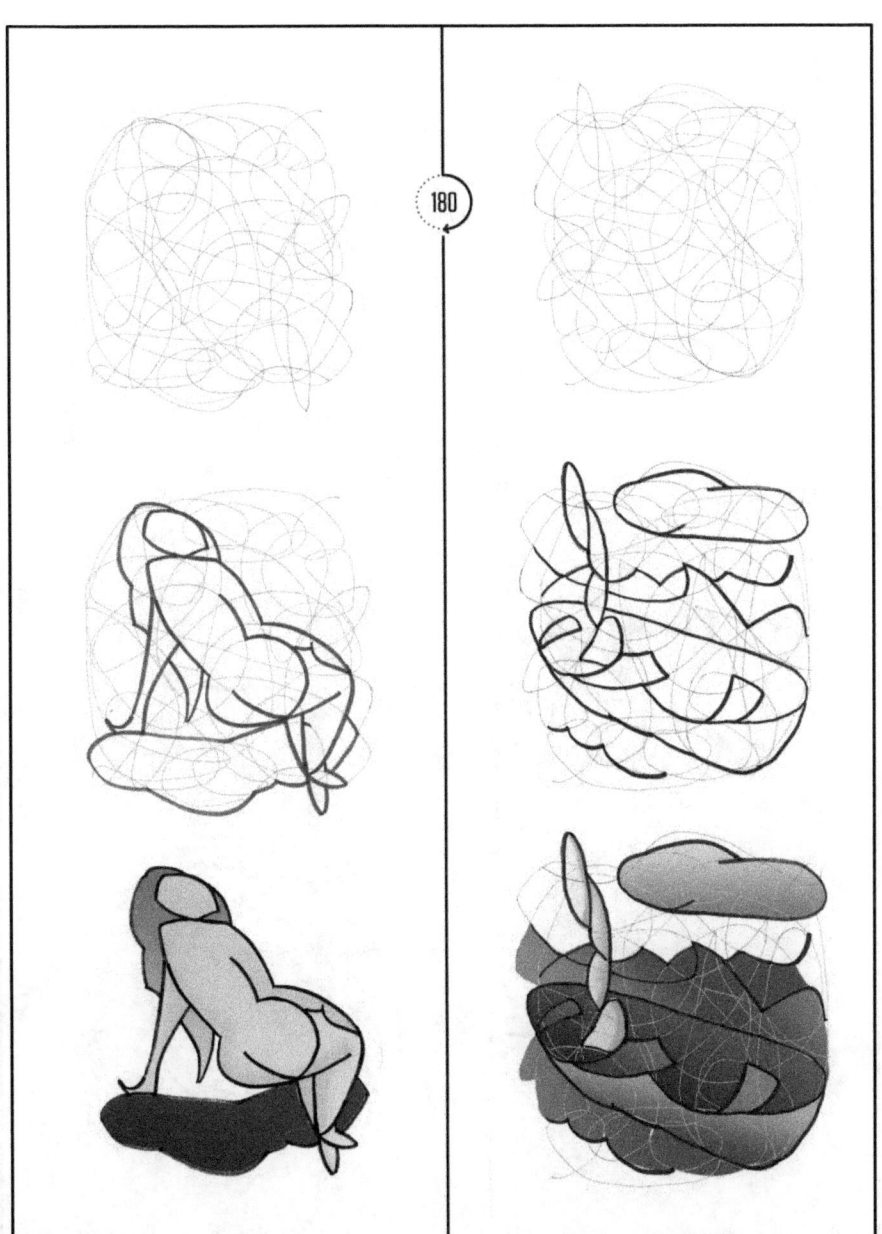

Imagen 2

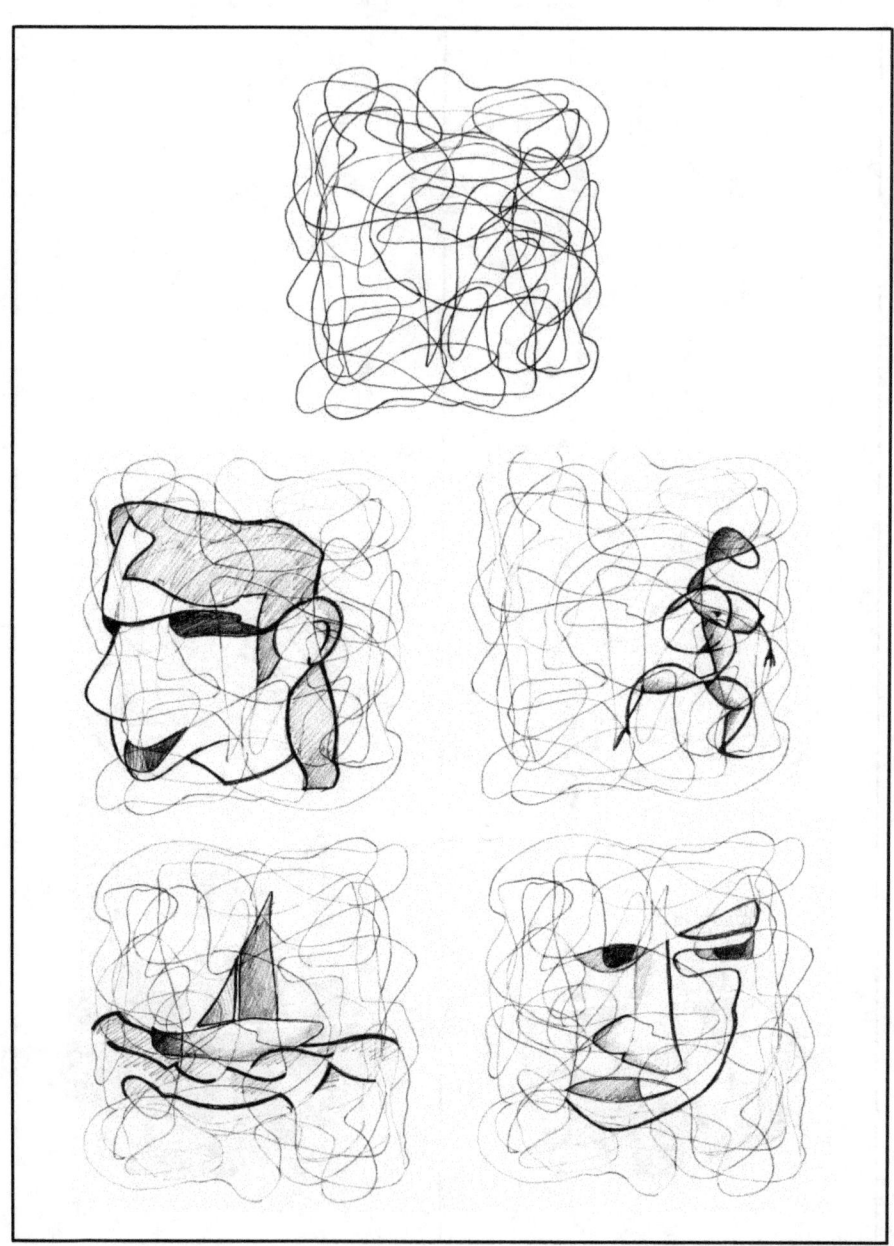

Imagen 3

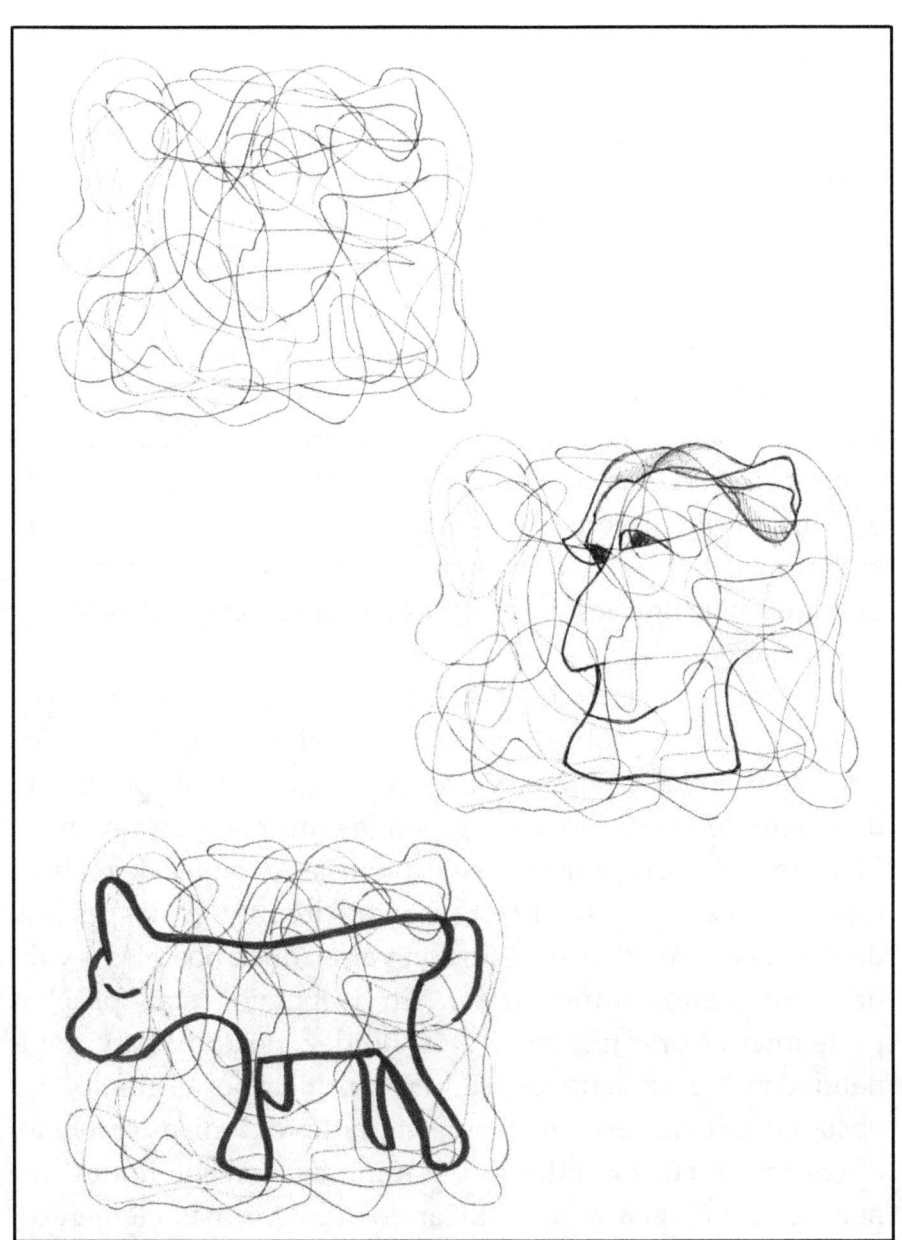

Imagen 4

2. TEST DE CREATIVIDAD.

Podemos encontrar numerosas pruebas o test de este tipo, en principio destinadas a evaluar nuestra capacidad creativa y por supuesto diseñadas para activar nuestra mente. A pesar de ello, hay que señalar que si bien podemos obtener algunos resultados significativos que nos den alguna pista sobre nuestro potencial creativo, es complicado que mediante este tipo de test obtengamos datos objetivos y concluyentes sobre la capacidad creativa del sujeto que los realiza, para ello deberíamos realizar muchas pruebas diferentes e inclusive de esta forma difícilmente lograríamos medir la creatividad. Sin embargo, este tipo de test, como hemos indicado, puede proporcionarnos algunos datos útiles a tener en consideración.

Ejemplo claro de la variedad de planteamientos que podemos encontrar sobre un mismo ejercicio es el test de los círculos o de las circunferencias, donde se nos proporcionan una serie de circunferencias repetidas impresas en una hoja. En la imagen 5 proponemos cuatro formas posibles de realizar esta propuesta, el primer test (usando circunferencias) es uno de los más conocidos, el resto son variaciones posibles y válidas que hemos improvisado. En principio estas pruebas pretenden valorar tres conceptos: fluidez, flexibilidad y originalidad y se deben realizar en un tiempo limitado, no obstante, se conocen numerosas variantes del mismo modelo, a realizar en 60 segundos, 3 o 5 minutos, con diferentes formas, juntas o separadas, utilizando 10, 20 o más elementos, etc. Para realizar el test han de realizarse dibujos a partir de la forma proporcionada y reproducida que debe ser el elemento principal, no obstante, se pueden "completar" las circunferencias de forma individual o combinando varias, inclusive se podría realizar un solo dibujo mediante la utilización de todas las circunferencias. Sin embargo, la forma más usual de proceder es mediante la transformación de las circunferencias de forma individual. A partir del elemento dado, hemos de realizar el máximo de dibujos posibles y la agilidad mental demostrada dependerá de cuantos hayamos podido realizar, así como de la variedad de propuestas y su originalidad. Así pues, la fluidez hace referencia al número total de dibujos diferentes realizados (por ejemplo 16 de un total de 30), la flexibilidad hace referencia a las diferentes categorías que seamos capaces de dibujar, donde si dibujamos, por ejemplo, un balón de fútbol, una pelota de tenis y un balón de baloncesto, estaríamos refiriéndonos a una misma categoría.

Los ejemplos de la imagen 6 han sido elaborados en menos de tres minutos, aquí podemos distinguir varias categorías, pero no demasiada originalidad, exceptuando el logotipo de MasterCard divorciado o el caracol enamorado del dispensador de cinta adhesiva. Para realizar el test de la imagen 7 se dispuso de una hora y media hora para la imagen 8, por lo que podemos observar que obviamente los resultados poseen un mayor detalle, existen combinaciones de dos o más elementos y aunque hay varios resultados pertenecientes a una misma categoría, existe una mayor originalidad.

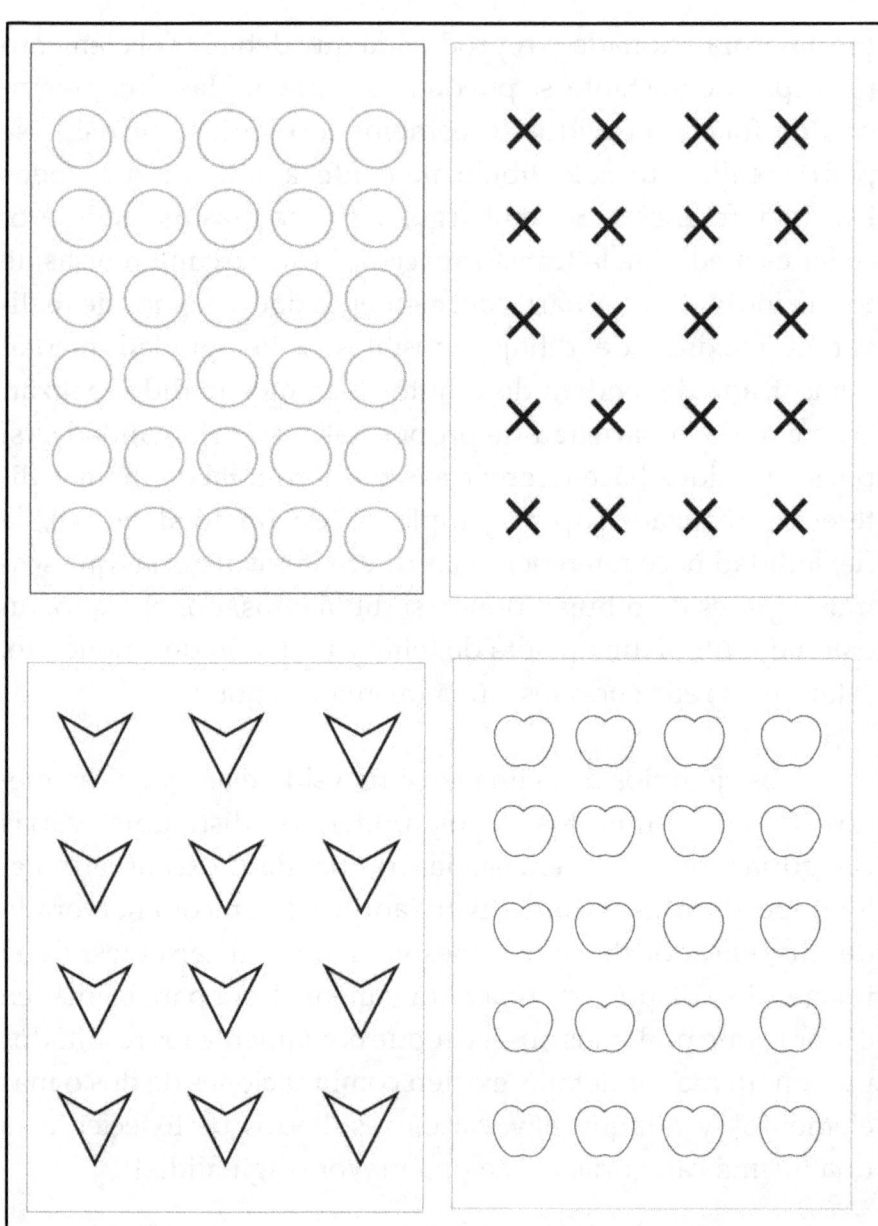

Imagen 5

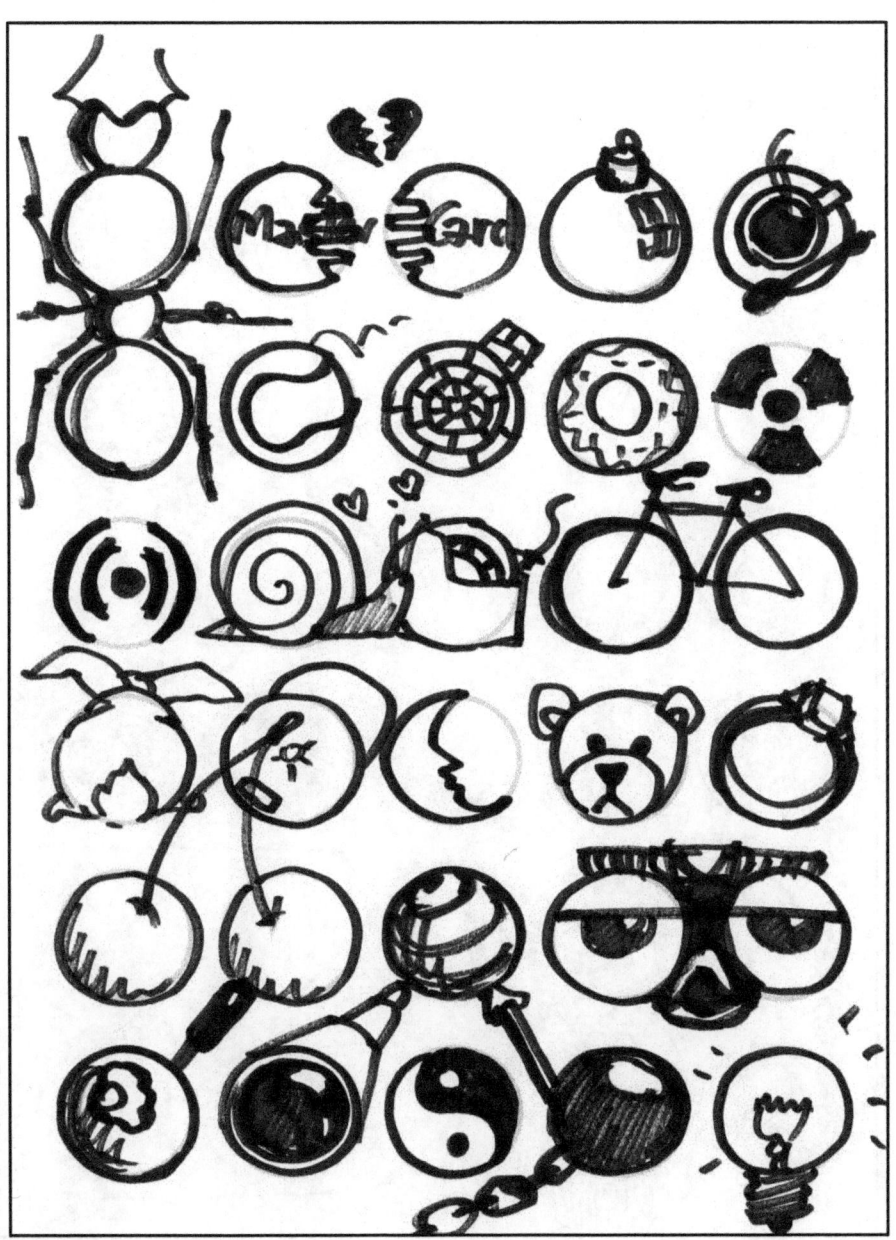

Imagen 6

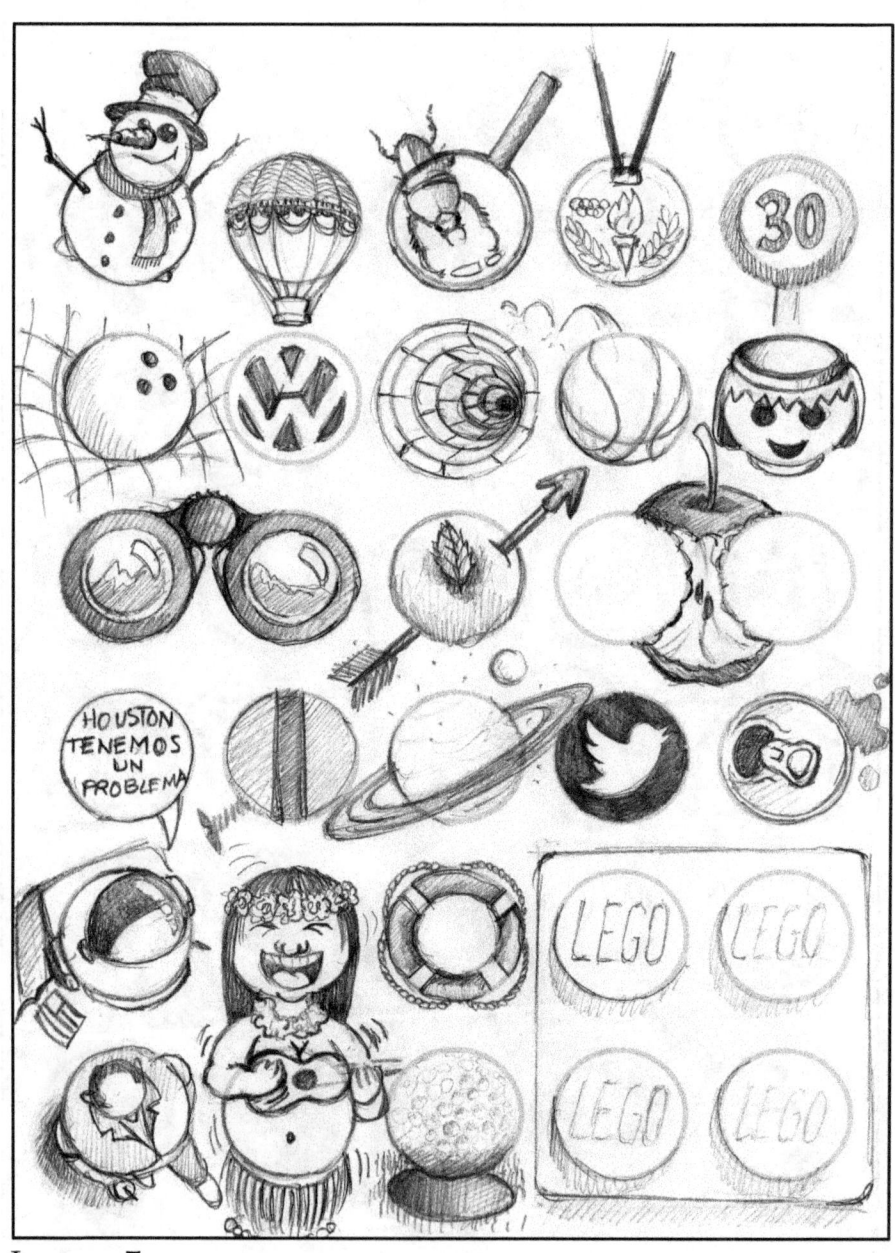

Imagen 7

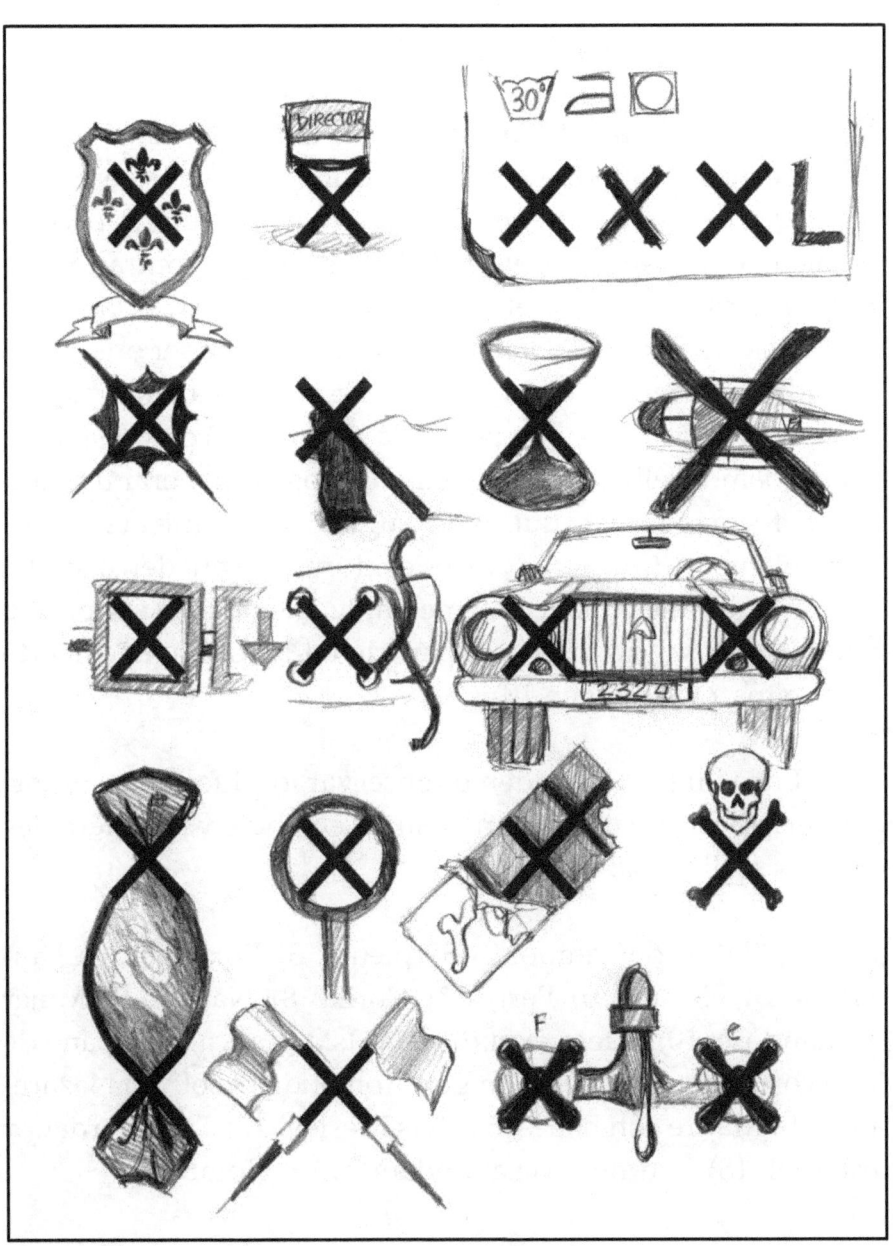

Imagen 8

3. FORMAS ALEATORIAS.

Parecida a la anterior propuesta es la referida a las formas aleatorias, aunque en este caso los elementos repetidos son todos diferentes entre sí. Podemos partir de una superficie en blanco con contornos ya elaborados o por el contrario solicitar que cada persona elabore sus propias figuras, siempre que estas sean fruto del azar. Las formas han de ser orgánicas, cerradas y generarse de una manera espontánea, unas al lado de las otras hasta completar toda la superficie, como manchas que debemos rellenar o completar. Es posible generar una primera forma casual que nos sugiera la siguiente y así sucesivamente (imagen 9). Estos contornos se pueden completar de múltiples maneras, mediante elementos simples o complejos, usando toda la superficie de la forma, añadiendo elementos, etc. (imagen 10).

En la imagen 11 podemos observar los diferentes contornos en la posición usada para realizar el dibujo y los diferentes dibujos realizados:

1) Ratón de campo. 2) Serpiente. 3) Boxeador. 4) Fantasma. 5) Helado. 6) Perro. 7) Gorila. 8) Navaja. 9) Mujer peinándose. 10) Hueso expuesto. 11) Isla tropical. 12) Piano de cola con banqueta. 13) Alienígena tomando el sol. 14) Nazarenos. 15) Madre con bebé. 16) Elvis Presley. 17) Transbordador espacial. 18) Cuerno de la abundancia. 19) Hombre.

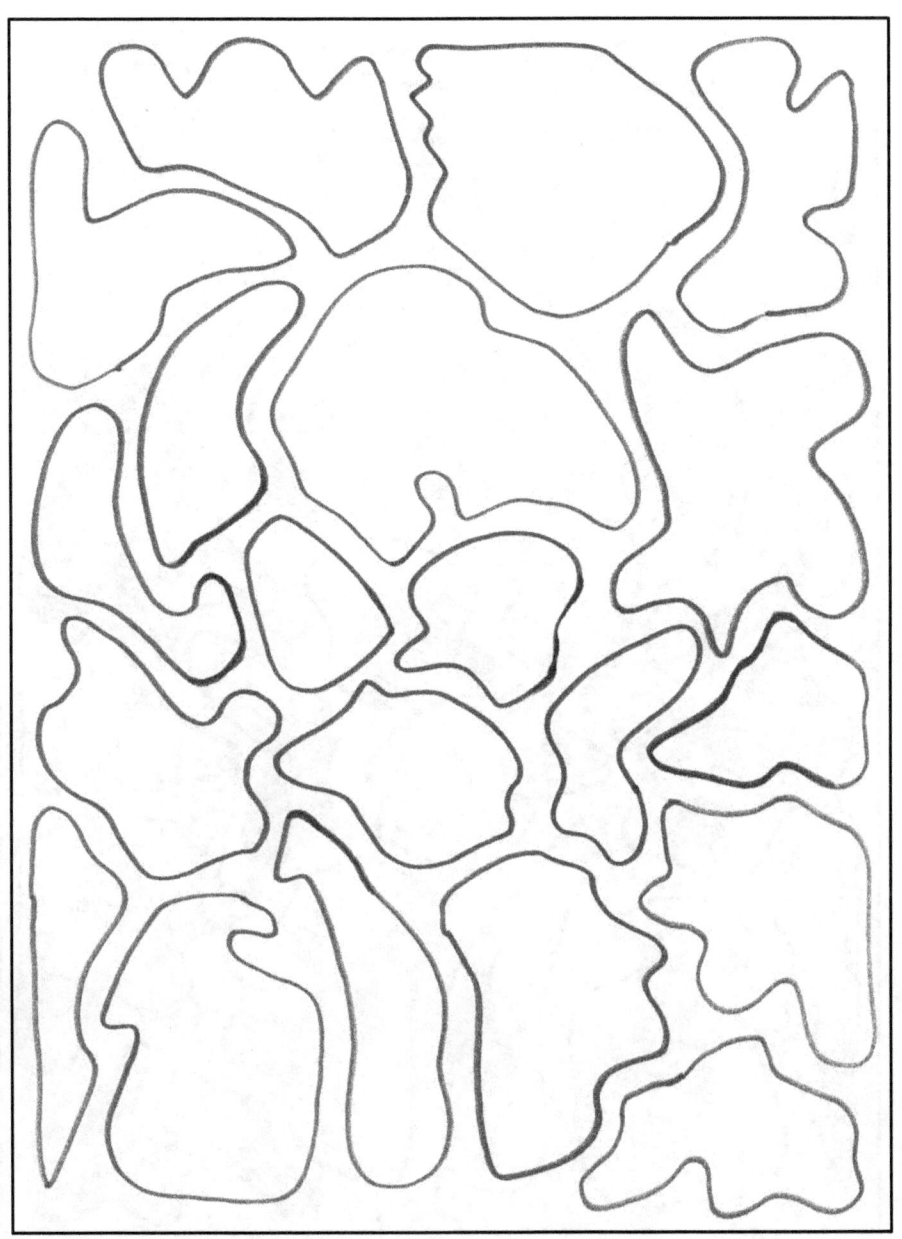

Imagen 9

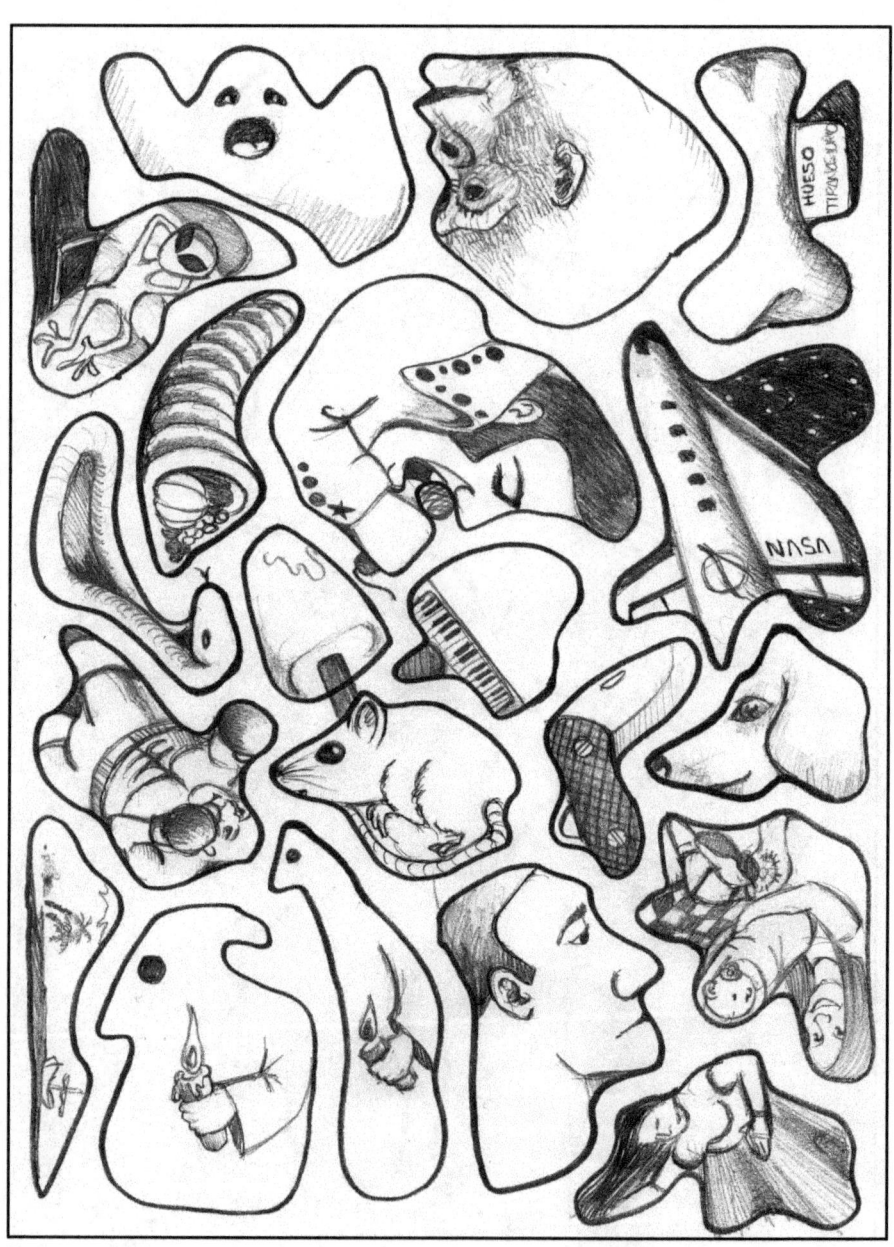

Imagen 10

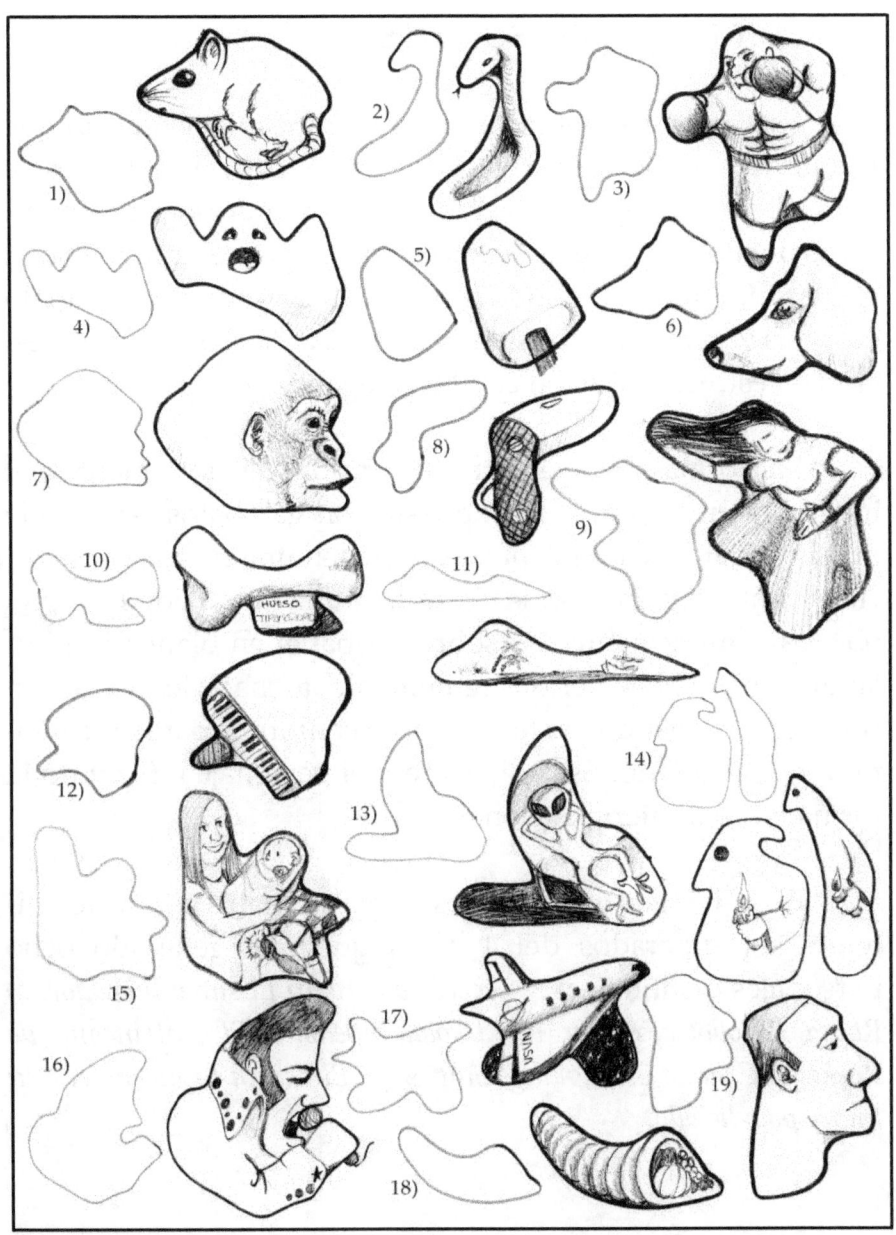

Imagen 11

4. CREANDO PERSONAJES.

Esta práctica mantiene la misma línea de actuación que la anterior, la cual nos provee de ciertas formas o contornos de manera que nos ayuden a crear una serie personajes nuevos. Estos pueden tratarse de animales, personas, seres fantásticos, etc. Aquí añadimos al dibujo el título de cada personaje, lo cual nos va a permitir comenzar a trabajar la comunicación escrita en estrecha relación con las imágenes.

Las formas iniciales han sido creadas aleatoriamente y al igual que en la primera propuesta con garabatos, es posible que los sujetos sean quienes elaboren en una primera fase dichos contornos de forma fortuita utilizando, por ejemplo, objetos comunes situados sobre un papel en blanco y dibujando su forma exterior; igualmente al hacerlo no deben conocer el cometido posterior de los contornos para no contaminar el resultado. Es posible crear el personaje utilizando la forma en cualquier posición.

En la imagen 12 podemos apreciar cuatro contornos diferentes (numerados del 1 al 4) que han generado ocho personajes distintos: *a) El escocés alegre. b) El sumo luchador. c) Rocka, el robot boxeador. d) El koala bípedo. e) El contrincante de Rocka. f) Cría de Chungkingosaurus. g) Elizabeth Frankenstein. h) Super polo helado.*

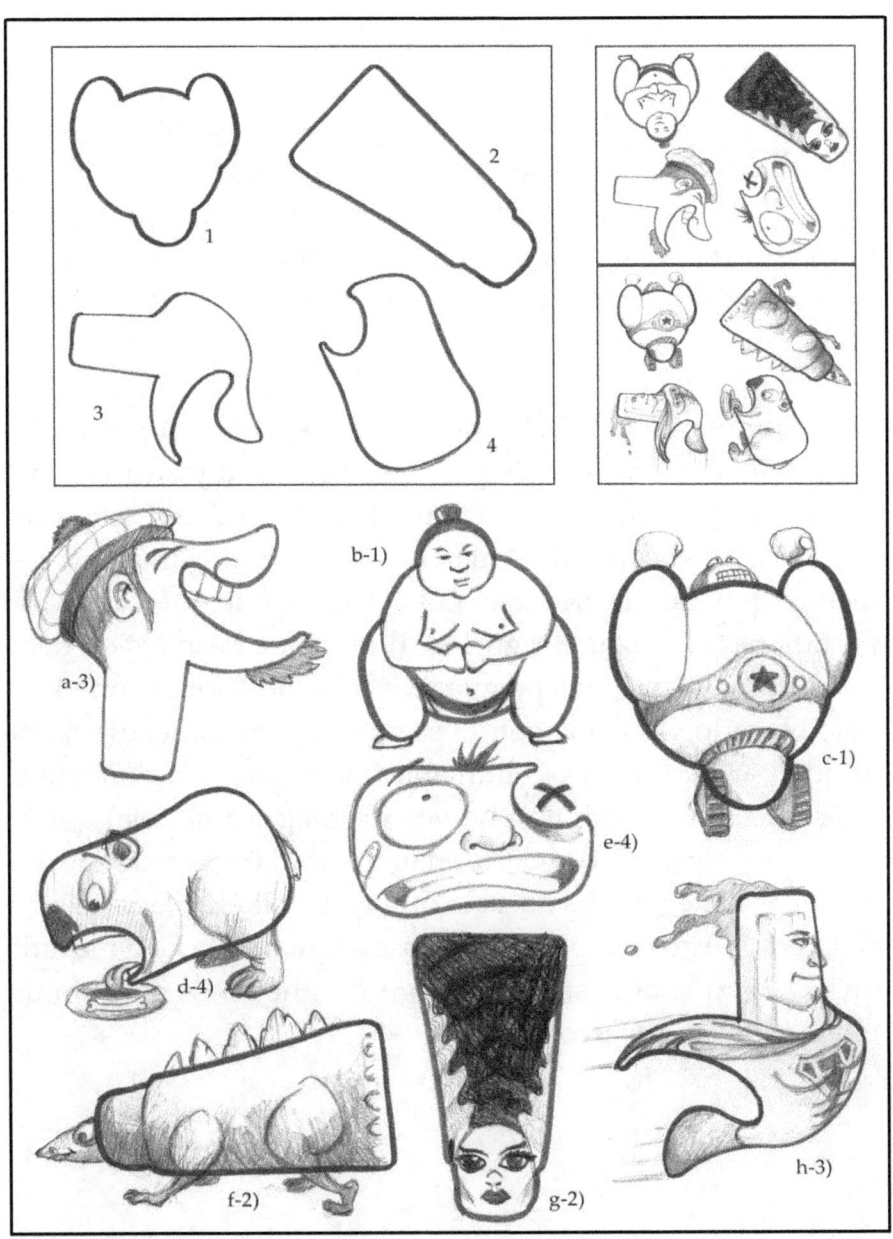

Imagen 12

5. IMAGEN OCULTA O "FOLD-IN".

En inglés se conoce esta propuesta como *"fold in"* cuya traducción podría ser: mezclar, plegar o doblar un papel, pues consiste en realizar dos pliegues o dobleces en una hoja, de forma que en dicha hoja plegada se observe una imagen que al ser desplegada cambie por completo y se transforme en otra.

En definitiva, se trata de un desplegable. En primer lugar, doblamos una hoja de papel, por la mitad y a su vez una de las mitades otra vez por la mitad según podemos observar en el ejemplo propuesto. Una vez plegado dibujamos un elemento que al desplegarse nos proporcione un punto de partida para realizar el siguiente dibujo que desplegado debe ser distinto, aunque debe guardar relación formal con el dibujo plegado. En la imagen 13 es posible apreciar el dibujo de lo que parece ser un ojo humano (mostrando únicamente el 50% del total del dibujo una vez desplegada la hoja) que al abrir o desplegar se convierte en una nueva imagen donde dos personas navegan una hacia la otra en kayak. En la parte inferior vemos otro ejemplo donde observamos en la hoja plegada un pez *koi* que al desplegarse y girar la hoja nos muestra un tótem indio en un arroyo.

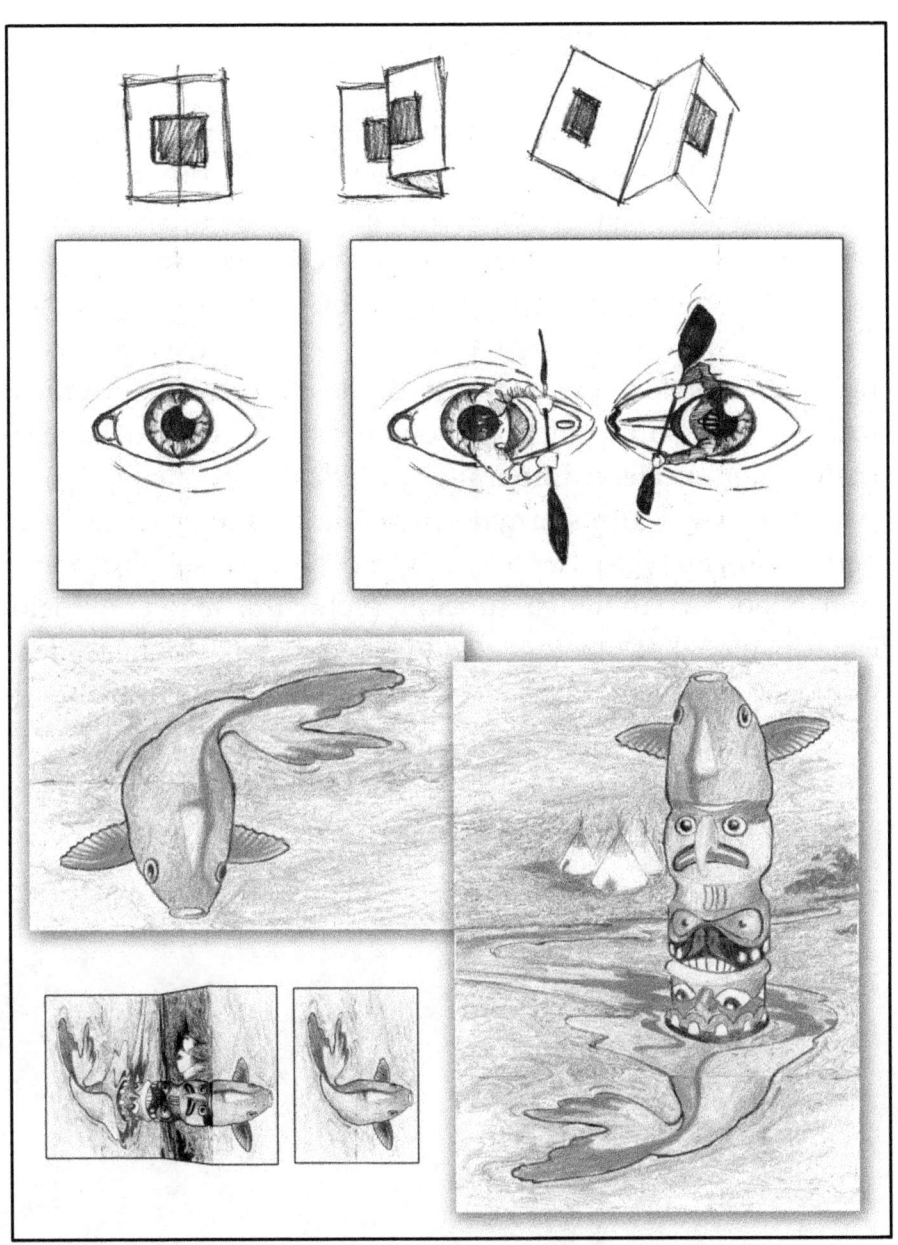

Imagen 13

6. TRANSFORMACIONES.

Esta técnica consiste en transformar una imagen aislada y previamente selecciona en algo totalmente diferente. Los objetos escogidos deben ser cotidianos y comunes. Podemos repetir el mismo objeto tres o cuatro veces para realizar diferentes versiones de la nueva propuesta, tal y como se muestra en la imagen 14, donde se ha tratado de transformar la caja de herramientas de madera en tres diseños diferentes de vehículos: un coche, un camión de bomberos y un triciclo. En este caso podemos elegir fotografías aisladas de objetos vulgares para requerir su transformación mediante el dibujo. Por regla general los nuevos diseños tratarán de adecuar el objeto proporcionado a su nueva función (vehículo, avión, edificio, espacio, etc.). Los objetos pueden proveernos de nuevas ideas o funciones cuando los transformamos en algo totalmente diferente.

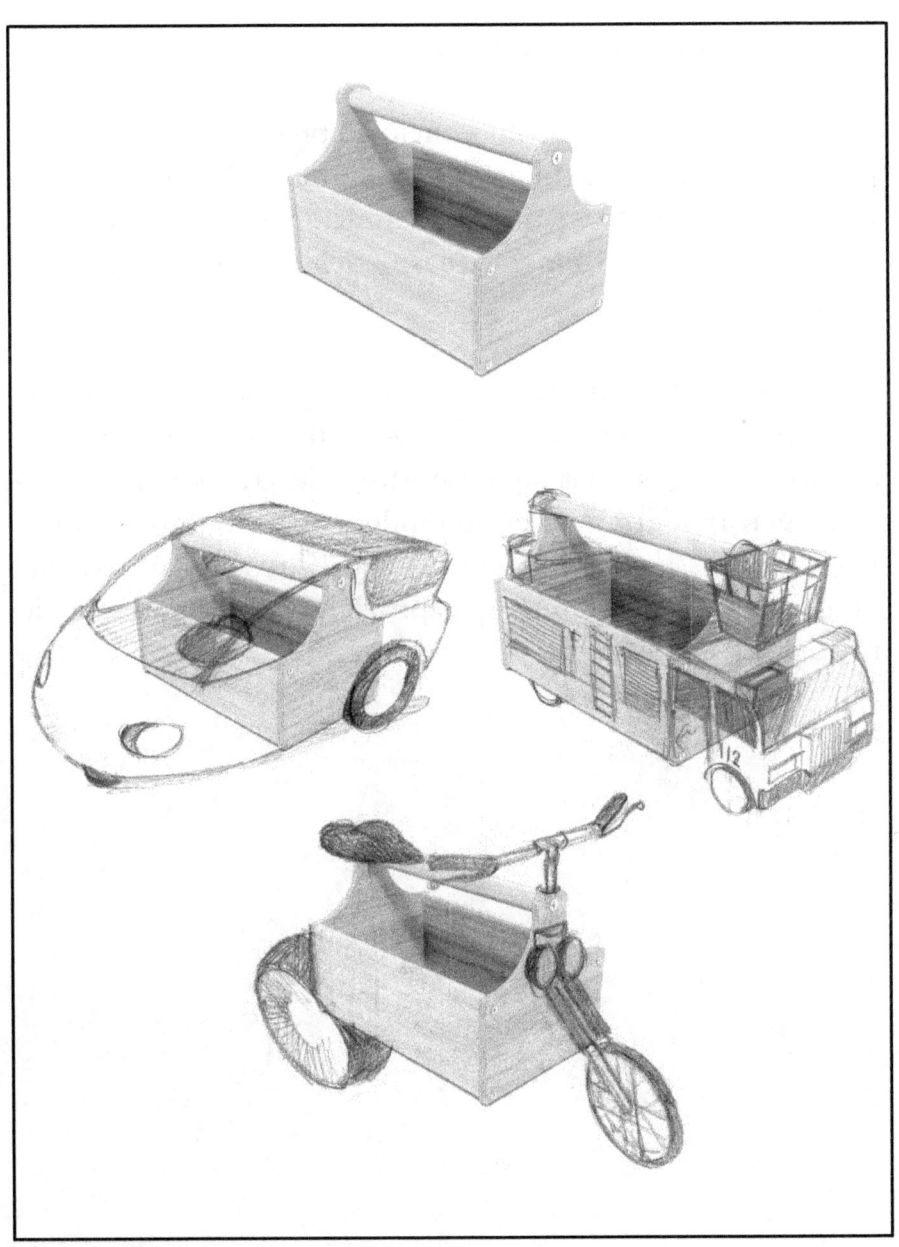

Imagen 14

73

7. JUEGO DE PALABRAS.

Para esta técnica como inicio se proponen una serie de palabras compuestas (imagen 17) o similares (imagen 16), que nos permitan elaborar nuevas definiciones escritas que a su vez han de ser gráficamente plasmadas a través de su correspondiente dibujo.

Las palabras planteadas tienen que contener conceptos que puedan dar lugar a definiciones ficticias o dobles sentidos que irán acompañadas de su oportuna descripción gráfica. En la imagen 15 logramos ver un modelo de propuesta sin resolver, mientras que las imágenes 16 y 17 resuelven de forma gráfica y verbal palabras que previamente hemos seleccionado por su potencial.

SOLISTA:

MENGUANTE:

PANCARTA:

BOTADURA:

CABECERO:

ONDEANDO:

Imagen 15

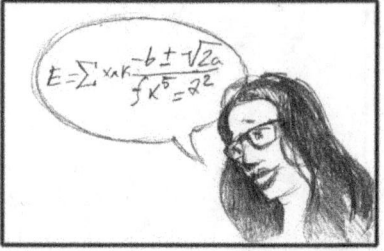

SOLISTA: Persona inteligente que ejecuta un solo intelectual sin acompañamiento.

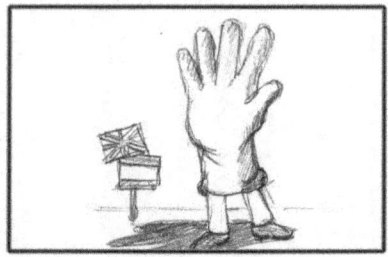

MENGUANTE: Hombre pequeño con siete extremidades de padre inglés y madre española.

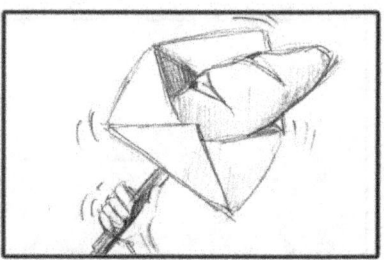

PANCARTA: Cartel con pan incluido en forma de sobre utilizado con propósitos reivindicativos en manifestaciones de larga duración.

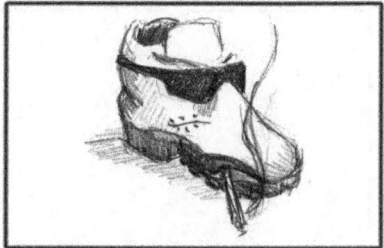

BOTADURA: Calzado robusto de mala vida y reputación.

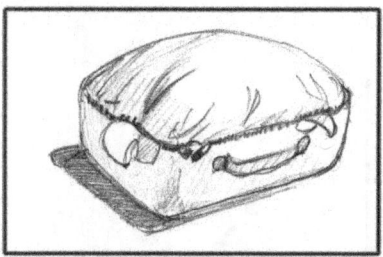

CABECERO: Recipiente ocupado hasta el límite por gran cantidad de cosas que se llena en la parte superior de una cama.

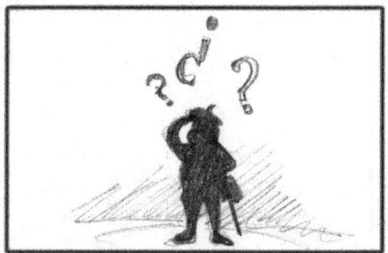

ONDEANDO: Persona proveniente del entorno rural que se ha salido de su ruta y no sabe donde se encuentra.

Imagen 16

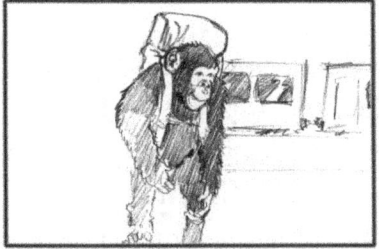

MONORRAÍL: Primate o simio dispuesto a trasladarse de un lugar a otro utilizando exclusivamente el tren.

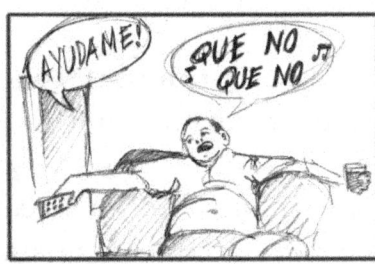

PASODOBLE: Respuesta intencionada cuyo compás indica rechazo reiterado a realizar una acción o tarea.

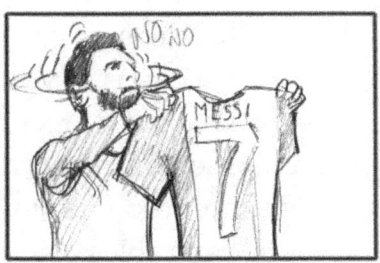

SIETEMESINO: Respuesta efectuada por un jugador del F.C. Barcelona que indica oposición a cambiar su número de dorsal al 7.

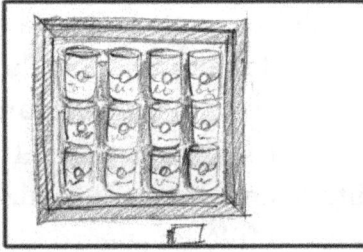

CUADRILÁTERO: Dicho de un cuadro de Andy Warhol elaborado con latas de sopa Campbell.

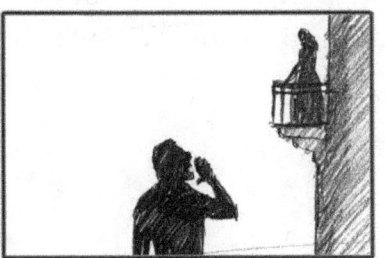

BAJAMAR: Fin o término del reflujo de Mar que con retraso se dispone a bajar.

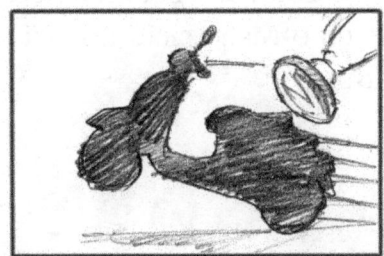

TELEVISADO: Visar o dar validez a un documento utilizando un servicio a domicilio.

Imagen 17

8. SIMETRÍAS CASUALES.

Esta práctica consiste en realizar una serie de manchas de color (mediante pintura acrílica o témpera) de forma fortuita sobre una mitad de un soporte que doblaremos (mientras la pintura esté fresca) para conseguir una simetría que servirá una vez seca como base para introducir una serie de líneas o intervenciones gráficas sobre las distintas formas que seamos capaces de reconocer. Las posibilidades son ilimitadas y estas dependerán de nuestra percepción. Podemos intervenir en las diferentes partes o en la totalidad del resultado como una unidad, igualmente es posible realizar esta técnica mediante manchas de café, tinta, acuarela, etc. sin necesidad de recurrir a la simetría. En la imagen 18 se pueden observar tres formas resaltadas mediante la realización de su contorno y dintorno con un rotulador negro. Las formas reconocibles en una misma posición han resultado: un elefante, un ser con cabeza de hormiga y un insecto volador, no obstante, podemos girar la hoja cuantas veces sea necesario para descubrir nuevas formas en otras posiciones, así como trabajar únicamente con el fondo.

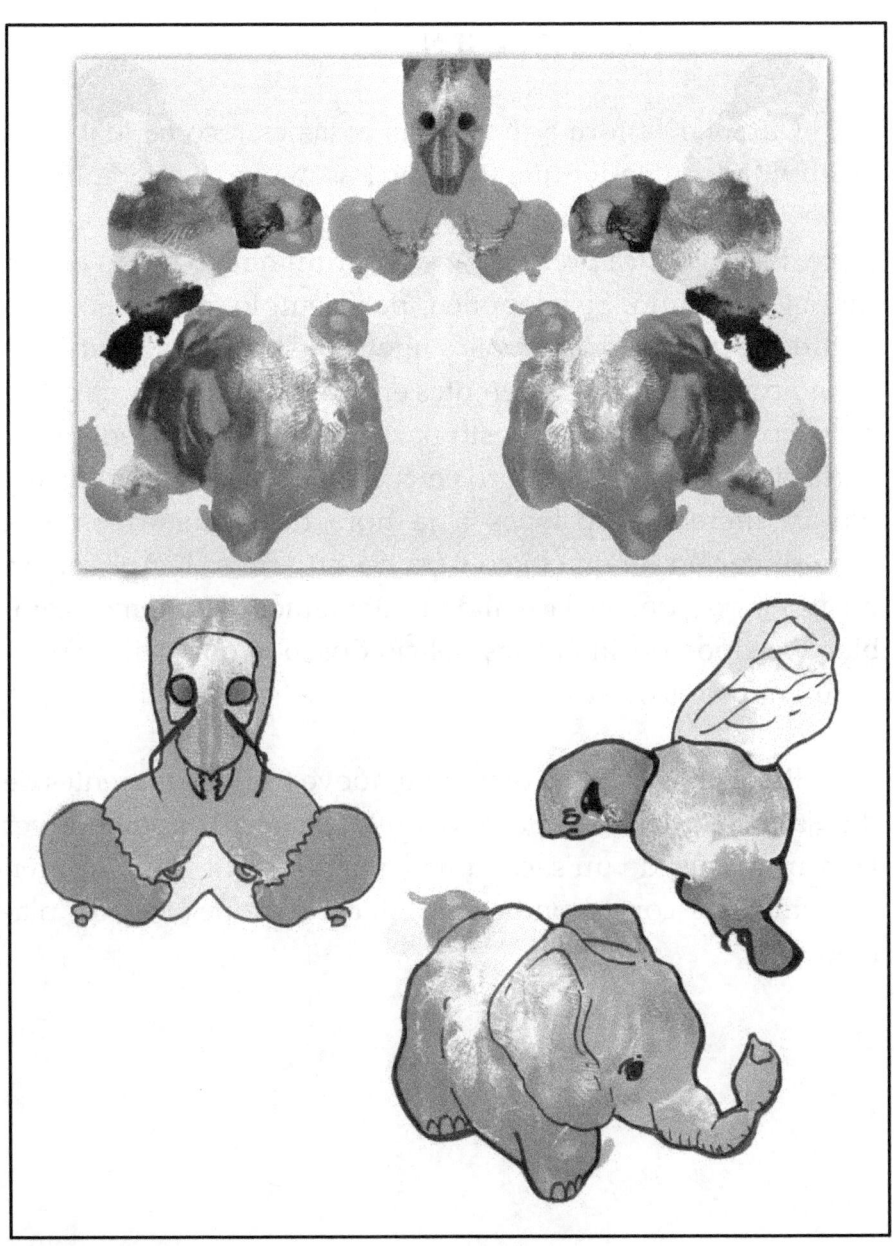

Imagen 18

9. CAMBIO DE IMAGEN.

Cambiar la forma de ver las cosas es recomendable en creatividad, entender que hay muchas maneras diferentes de mirar y de percibir una misma cosa puede ayudarnos bastante. Esta práctica pretende provocar un nuevo modo de ver un objeto común. Se proponen, por ejemplo, nueve posibles puntos de vista que darán pie a nueve ilustraciones del mismo objeto completamente diferentes entre sí. Igualmente, la interpretación del texto propuesto para cada imagen puede tener varias interpretaciones, pero en cualquier caso se trata de explorar diferentes opciones a la hora de enfrentarnos a la representación de un objeto para no situarnos siempre en un mismo modo de ver la realidad. Obviamente podemos cambiar los tipos de imágenes solicitados por otros diferentes, según nuestros objetivos.

En la imagen 20 se requieren nueve formas diferentes de dibujar cualquier cosa u objeto. En la imagen 21 podemos ver las variaciones de un sacapuntas, mientras que en la imagen 22 vemos las correspondientes interpretaciones con un plátano.

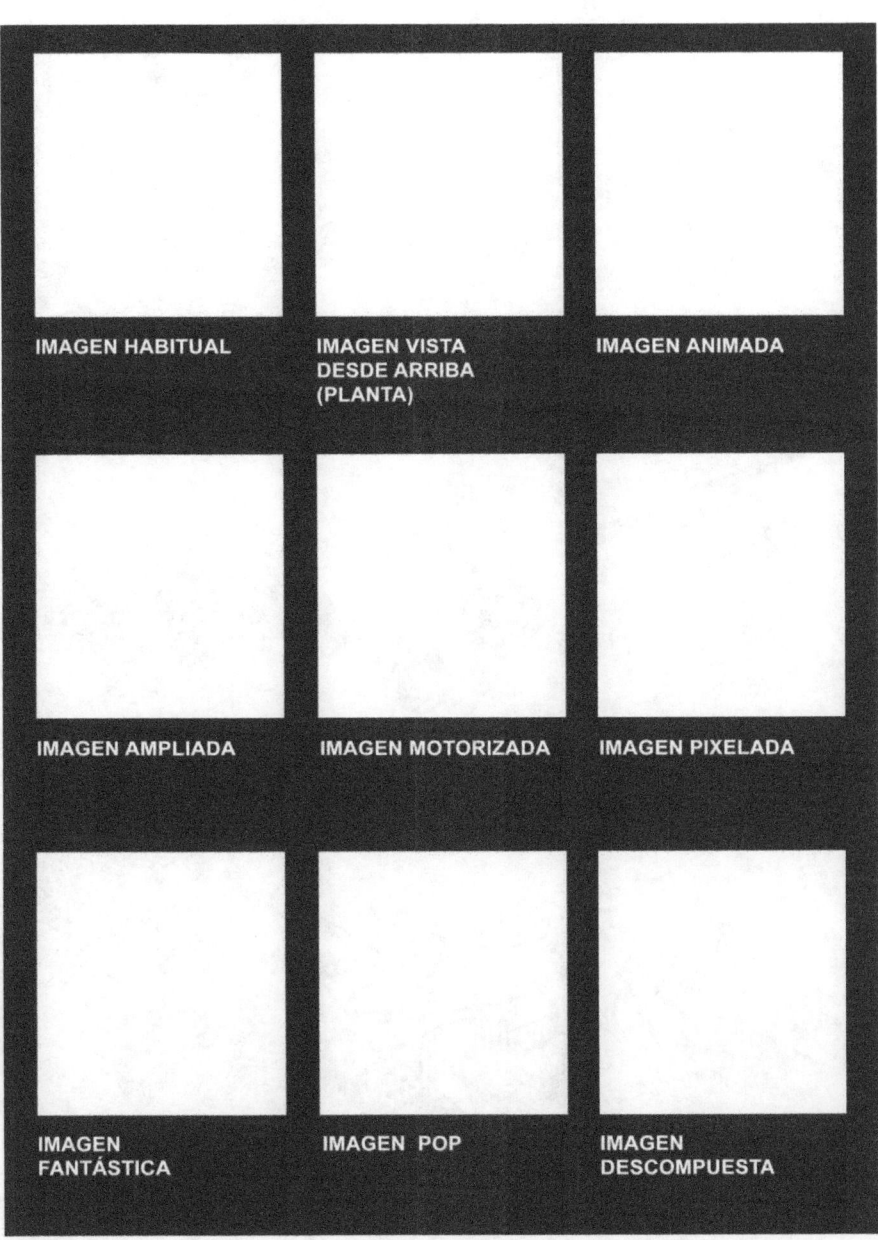

Imagen 19

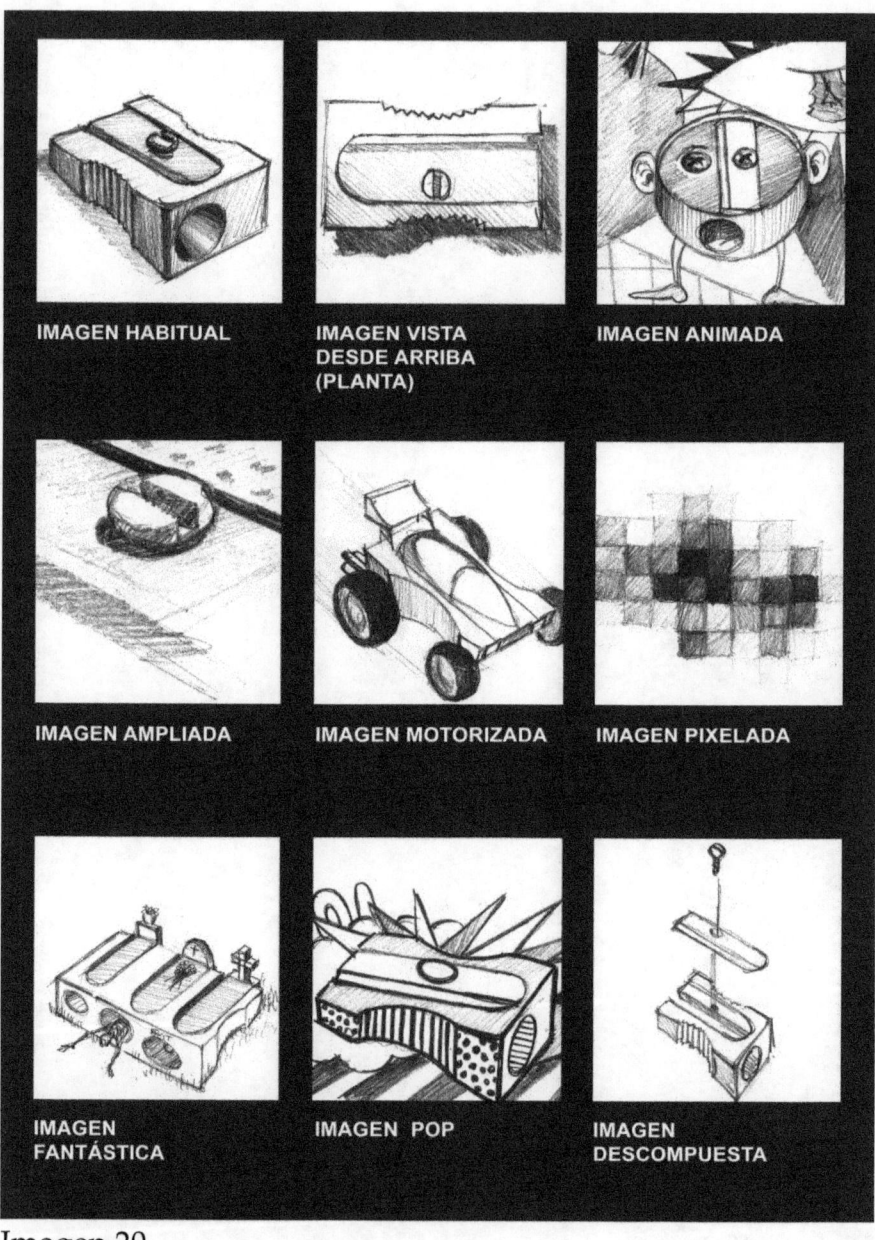

IMAGEN HABITUAL

IMAGEN VISTA
DESDE ARRIBA
(PLANTA)

IMAGEN ANIMADA

IMAGEN AMPLIADA

IMAGEN MOTORIZADA

IMAGEN PIXELADA

IMAGEN
FANTÁSTICA

IMAGEN POP

IMAGEN
DESCOMPUESTA

Imagen 20

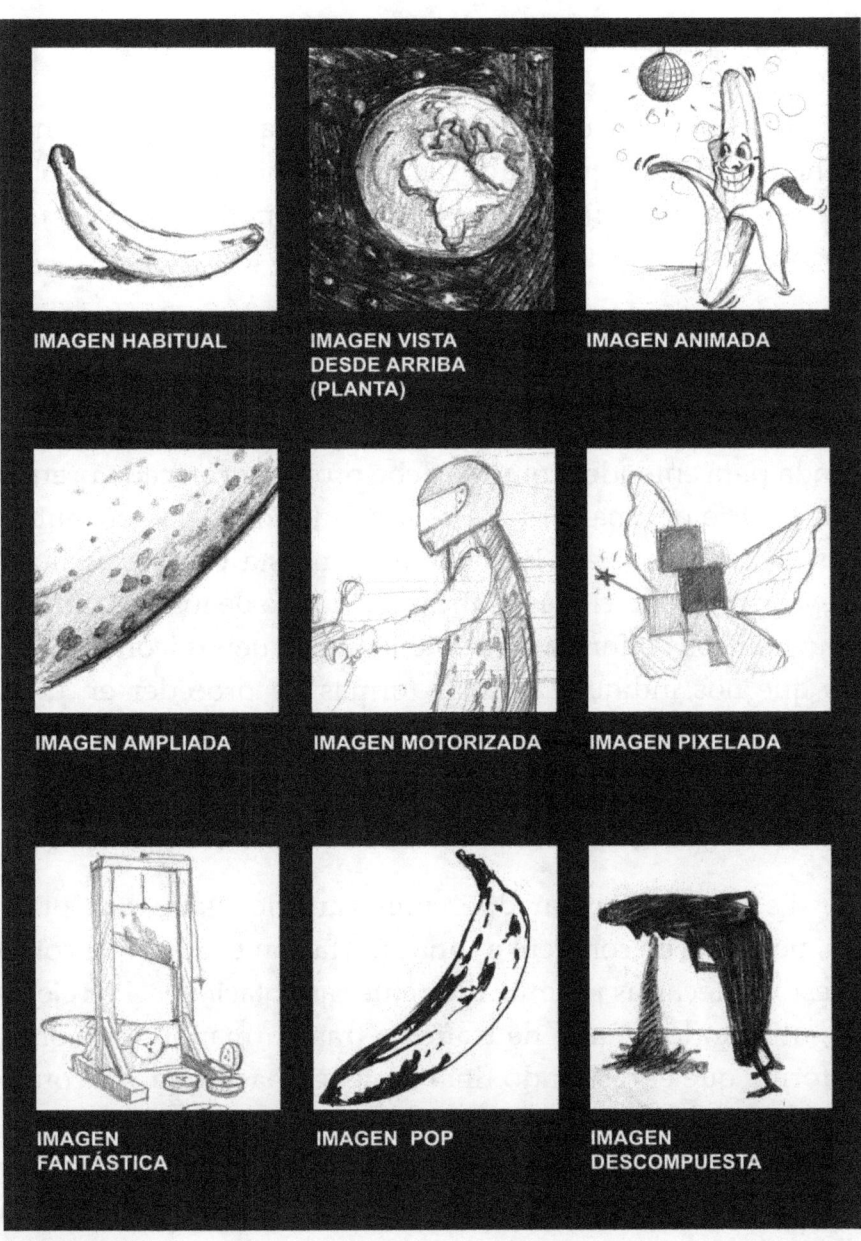

IMAGEN HABITUAL

IMAGEN VISTA DESDE ARRIBA (PLANTA)

IMAGEN ANIMADA

IMAGEN AMPLIADA

IMAGEN MOTORIZADA

IMAGEN PIXELADA

IMAGEN FANTÁSTICA

IMAGEN POP

IMAGEN DESCOMPUESTA

Imagen 21

10. ETIQUETAS ALTERNATIVAS.

Las etiquetas que podemos encontrar en las diferentes prendas textiles y que muestran información específica sobre una prenda, nos sirven en esta ocasión para proponer una práctica utilizando tres de esos símbolos o iconos.

Los símbolos convencionales y generalizados sobre la conservación, el lavado u otras informaciones sobre el producto deben aparecer bien diferenciados. Esta iconografía ideada para entender cómo se debe proceder con cada prenda forma parte de una serie de recomendaciones que encontramos en las etiquetas. Proponemos en esta ocasión realizar nuevas representaciones gráficas partiendo de los tres dibujos esquemáticos de forma que obtengamos nuevos iconos o signos que nos indiquen nuevas formas de proceder en unas etiquetas "alternativas" (Imagen 23). A cada dibujo debe acompañarle su significado al igual que en el ejemplo que se propone de muestra (imagen 22).

Es posible realizar diferentes variaciones de esta práctica, pues ésta en concreto es una aportación propia, que como el resto de técnicas permite diferentes adaptaciones. Por ejemplo, utilizando señales de tráfico o transformando los iconos de forma que el resultado final no tenga nada que ver con la intención original, en este caso no será necesario utilizar los seis modelos propuestos en la imagen 22, aportando nuevos significados para otro tipo de etiquetas informativas (Imagen 24).

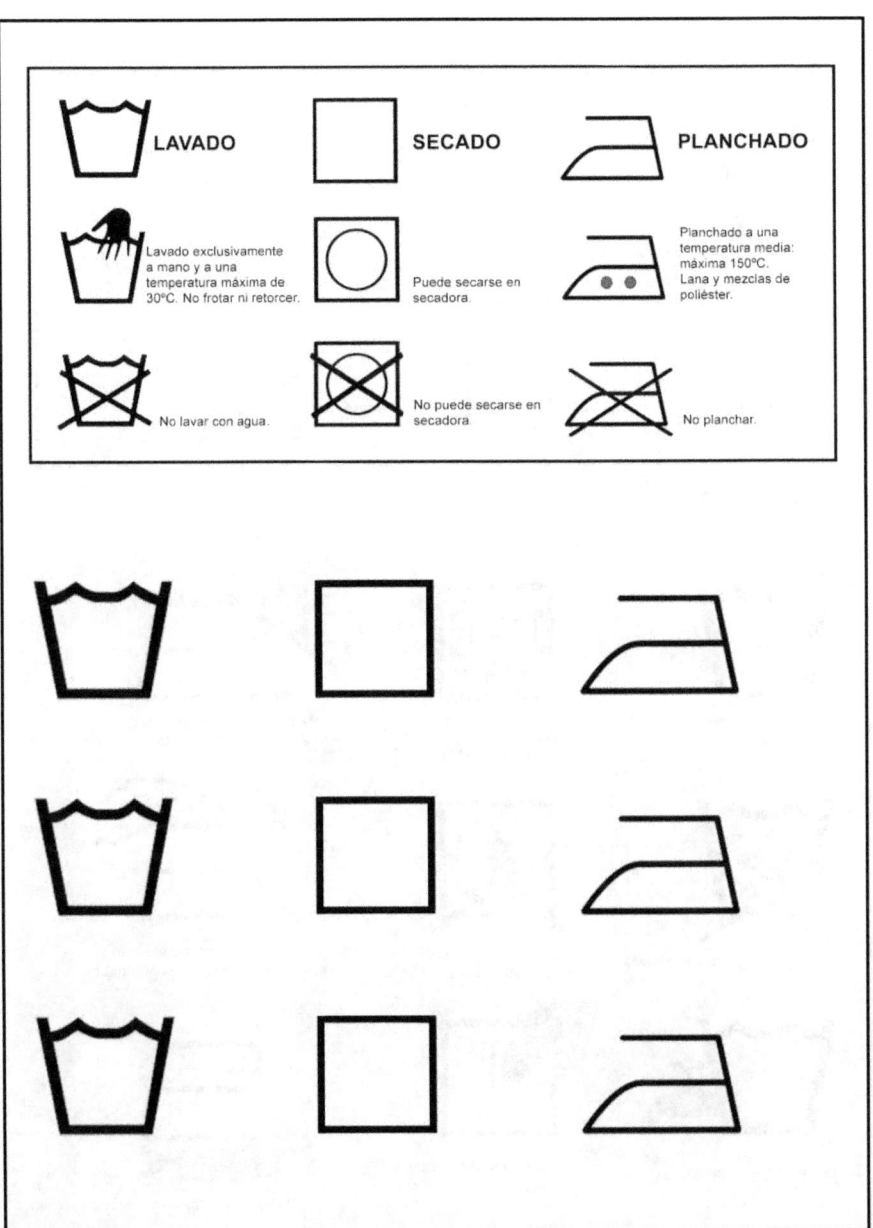

Imagen 22

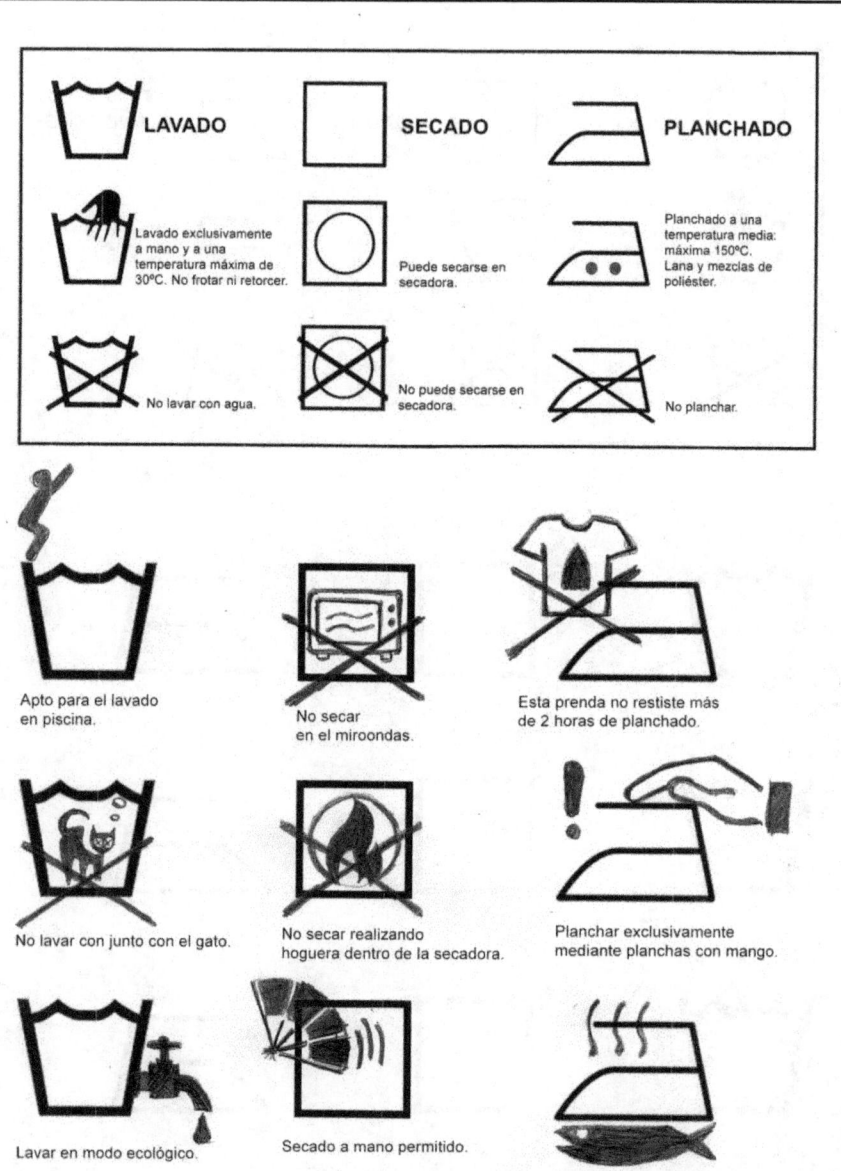

LAVADO

SECADO

PLANCHADO

Lavado exclusivamente a mano y a una temperatura máxima de 30ºC. No frotar ni retorcer.

Puede secarse en secadora.

Planchado a una temperatura media: máxima 150ºC. Lana y mezclas de poliéster.

No lavar con agua.

No puede secarse en secadora.

No planchar.

Apto para el lavado en piscina.

No secar en el miroondas.

Esta prenda no restiste más de 2 horas de planchado.

No lavar con junto con el gato.

No secar realizando hoguera dentro de la secadora.

Planchar exclusivamente mediante planchas con mango.

Lavar en modo ecológico.

Secado a mano permitido.

Puede plancharse mientras se cocina.

Imagen 23

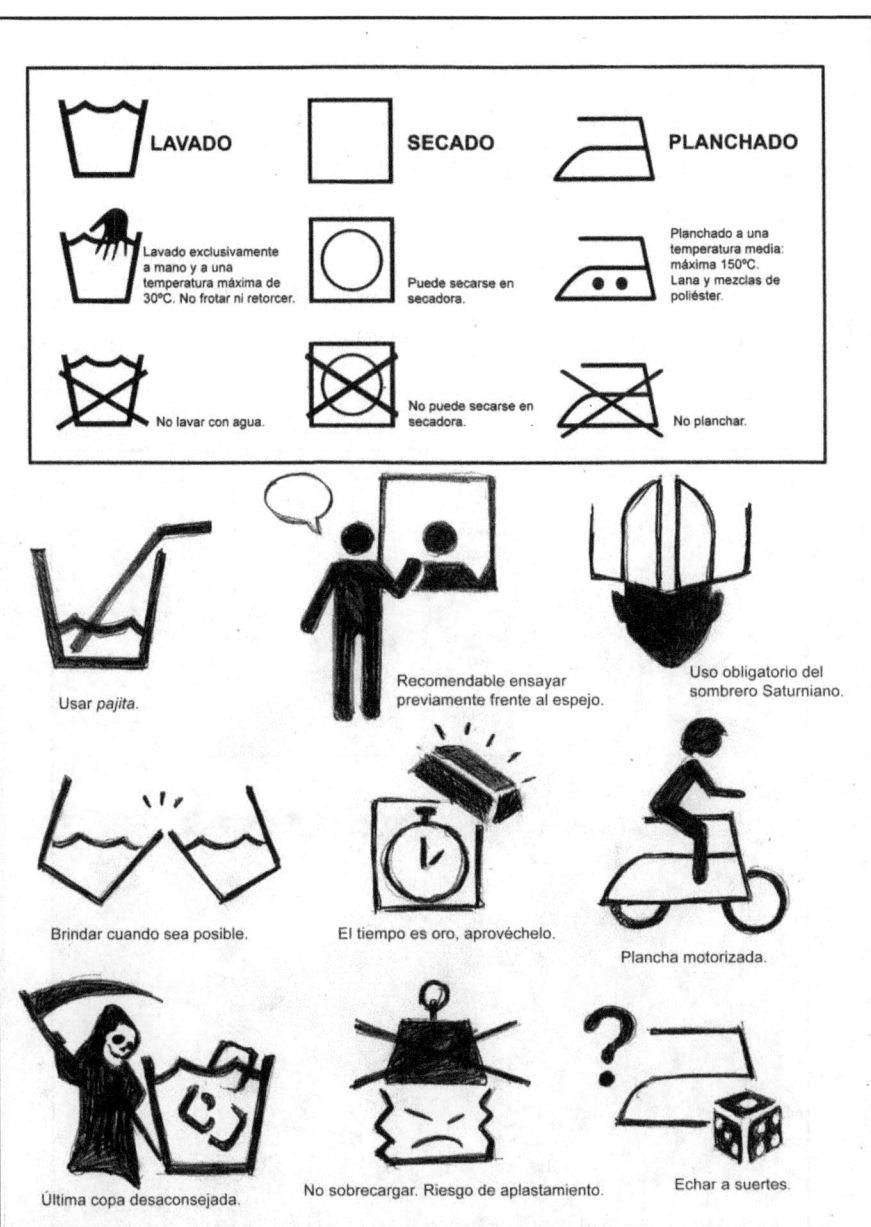

Imagen 24

11. COMPLETAR LA IMAGEN.

Para realizar esta técnica únicamente necesitaremos una imagen recortada de alguna revista o periódico, la cual pegaremos sobre una hoja o cartulina en su parte central, dicha imagen nos debe servir de *inspiración* para crear una nueva escena (imagen 26) o simplemente podemos dibujar partiendo de los bordes, imaginando cómo sería el resto (imagen 25).

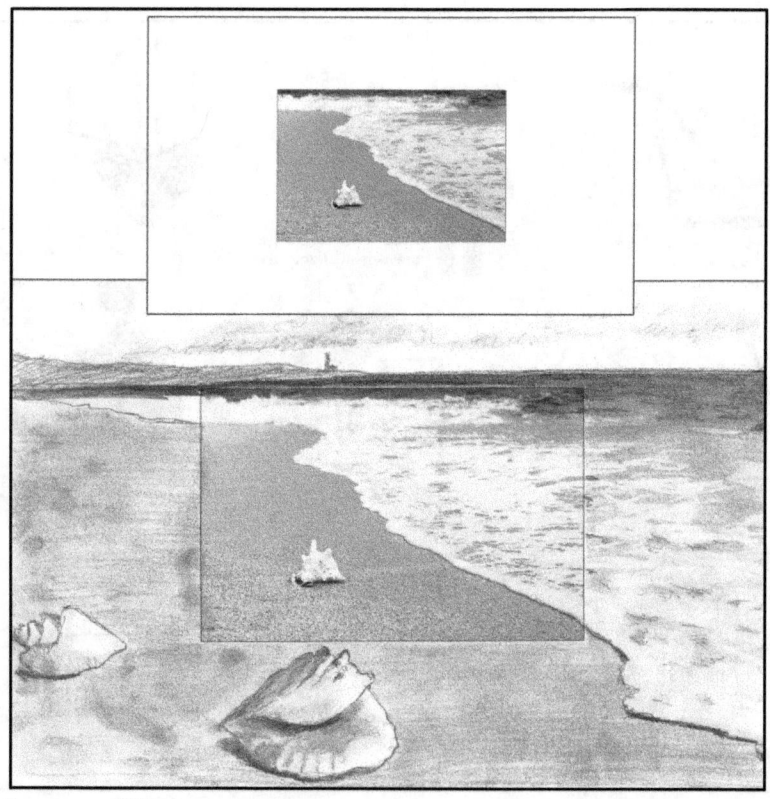

Imagen 25

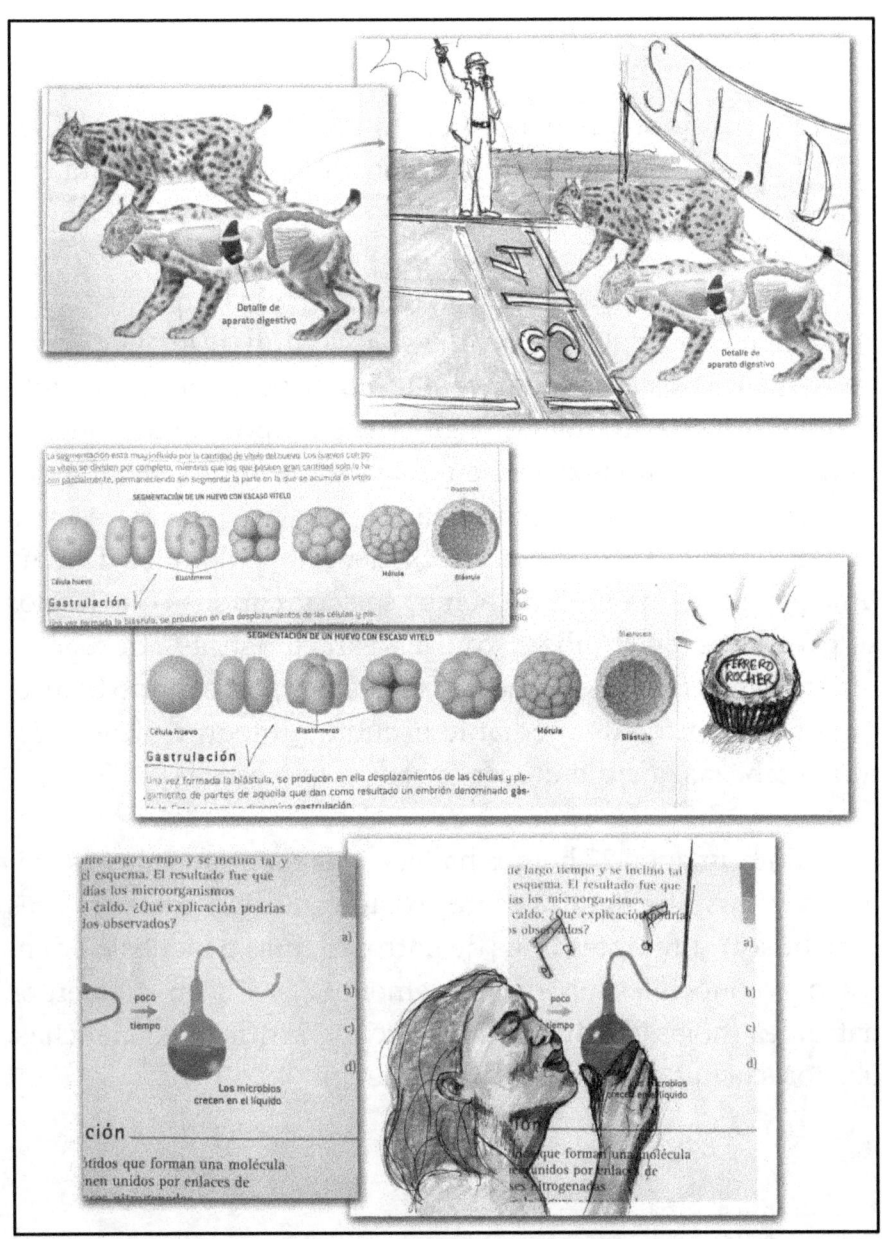

Imagen 26 (Libro de texto 1º Bach. 2002. Biología y Geología. Madrid: Ediciones SM.)

12. PAREIDOLIA.

La pareidolia se conoce como un fenómeno psicológico por el cual percibimos formas reconocibles en objetos, imágenes o elementos inertes.

Ver o reconocer rostros en determinadas superficies, objetos, elementos naturales, etc. es más común de lo que parece, debido a que estamos muy acostumbrados a ver caras continuamente. Nuestra mente reconoce este tipo de patrones tan significativos para nosotros en diferentes estímulos ambiguos y aleatorios. Proponemos utilizar elementos que se presten a poder contener rostros, como, por ejemplo, palomitas de maíz (imagen 27) y una vez que hemos seleccionado las que hemos sido capaces de localizar con las características adecuadas, realizaremos una fotografía de las mismas sobre fondo blanco, para posteriormente mediante el dibujo integrar dichos rostros o cabezas, añadiendo un cuerpo o una escena.

En la imagen 27 hemos hallado dos rostros o cabezas animales y dos alienígenas, pero existen multitud de variantes para buscar diferentes tipos de patrones, más o menos evidentes o reconocibles en otros elementos, ya sean elementos naturales (hojas, piedras, nubes, etc.) o artificiales (manchas, objetos, coches, mobiliario urbano, etc.).

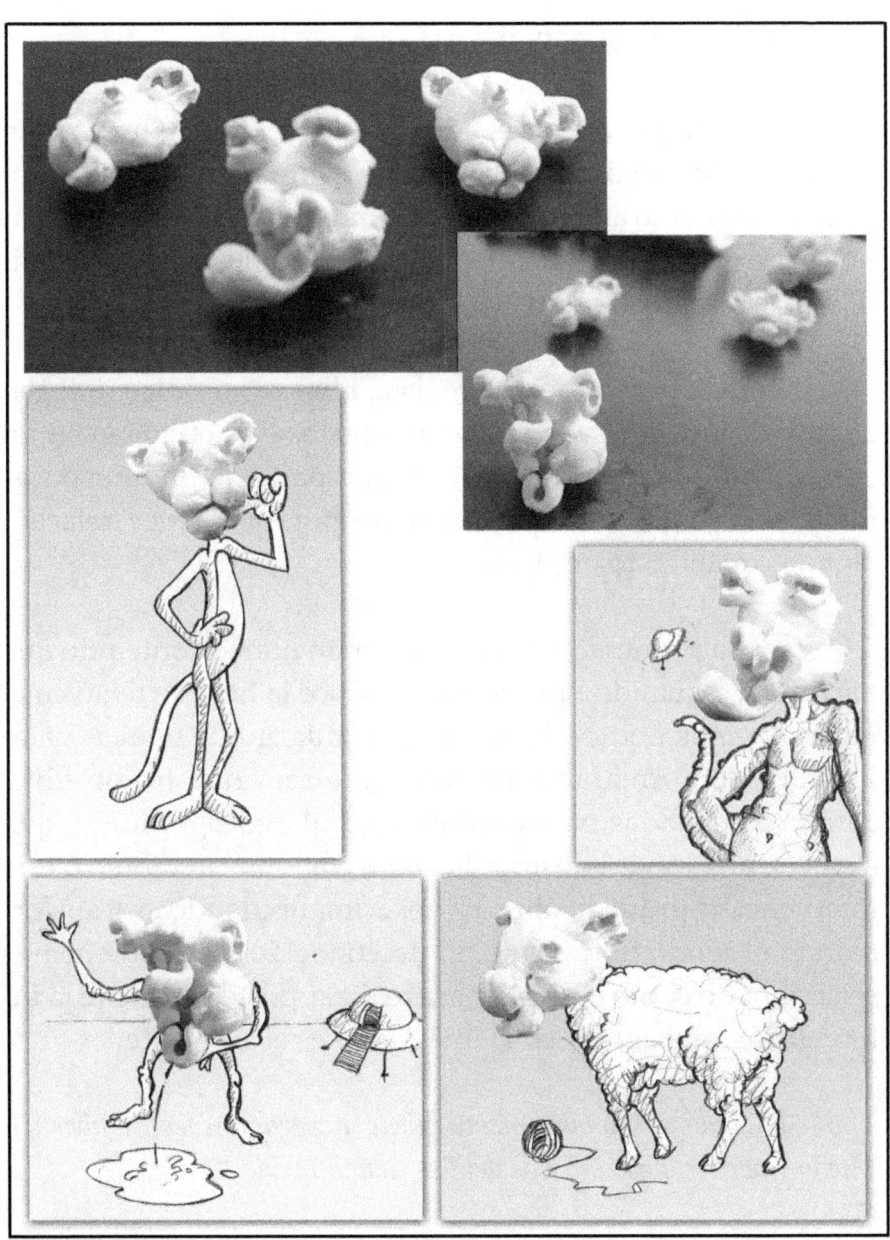

Imagen 27

13. BLACKOUT POETRY.

Blackout poetry, así se conoce esta técnica. Su traducción podría ser poesía oscura. Blackout (en inglés) se traduce principalmente como apagón. Básicamente consiste en seleccionar una serie de palabras de un texto otorgándoles mayor visibilidad y ocultando el resto.

Sobre la página de una revista, libro o periódico (imagen 28) donde encontremos abundante texto se seleccionan en un orden distinto palabras que formarán parte de un nuevo significado (imagen 29) que no tiene por qué tener relación alguna con el texto original.

Con la primera palabra se inicia un nuevo contenido que nace de la casualidad proporcionada por la hoja de texto en el que no hemos podido intervenir, el hallazgo de nuevas palabras que conformarán nuestro poema será nuestro objetivo. Serán reordenadas para encontrar un nuevo significado, que a su vez nos servirá de impulso para elaborar un dibujo o una intervención gráfica sobre la hoja, manipulando o transformando el fondo libremente. El desconocido texto que hemos seleccionado como ejemplo para realizar posteriormente la intervención que vemos en la imagen 30 es el siguiente:

"La vida se consume con miedo a perder nuestra libertad. Miedo a perder la razón. Los débiles tienen miedo."

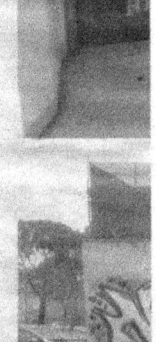

Al fondo, uno de los bloques okupados

La vida en un barrio preso de narcopisos y delincuencia

Varios vecinos cuentan a GENTE su complicado día a día ● Dicen que tienen miedo a perder sus viviendas y sus negocios ● Tienen contabilizados hasta 15 inmuebles donde se vende y se consume droga con total impunidad

TEXTO DE **MIGUEL HERNÁNDEZ** (@miguelher73)

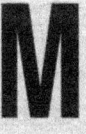

Miedo. Apenas cinco letras definen claramente el sentir general de los vecinos de Los Cármenes, uno de los barrios del distrito más populoso de Madrid, Latina. Miedo a perder sus casas, a perder sus negocios. Miedo incluso a perder su vida, ya que muchos de ellos han sufrido amenazas de muerte.

La razón, el preocupante aumento de la delincuencia derivada de la ocupación mafiosa de viviendas, una buena parte destinadas a la venta y al consumo de droga. Los residentes tienen contabilizados hasta 15 narcopisos en el entorno de las calles de Arrayanes, Marcelino Castillo, Laguna y San Robustiano, cuyos moradores ponen en jaque la convivencia. A esta situación, se une la degradación de los espacios públicos, con calles sucias, bolsas de basura tiradas desde las ventanas y pavimentos que vivieron sus mejores momentos hace años. Los desperdicios se concentran en determinadas zonas e incluso drogadictos se administran su dosis en plena vía pública a la vista de cualquier transeúnte.

GENTE ha hablado con varios vecinos que, amparados en el anonimato, cuentan su complicado día a día. "He tenido que quitar hasta el cartel de mi buzón, porque sé que me están buscando al denunciar lo que está pasando", dice Ra

món, nombre ficticio de uno de los residentes. "A este paso nos dejan sin casa", relata al tiempo que afirma que los ciudadanos de a pie "no tenemos protección, porque la ley va a favor de los delincuentes. Nuestra libertad termina donde empieza la de ellos".

Este vecino cuenta que hace unos días un individuo accedió por la ventana de una cuarta planta por los tubos delgas y al entrar los dueños a su vivienda les amenazó que les iba a pinchar. Que una vecina se fue a poner flores a la tumba de sus padres al pueblo y cuadro llegó tenía su piso oku

> "HE TENIDO QUE QUITAR HASTA EL CARTEL DE MI BUZÓN" DICE UN RESIDENTE

> LOS MAYORES TIENEN MIEDO A IR SOLOS AL BANCO A COBRAR SUS PENSIONES

pado. Y que una señora fue operada y, al regresar, los okupas habían vendido todas sus cosas y hasta el aluminio del cerramiento de su terraza. También, que los mayores no van solos al banco a cobrar sus pensiones. "Se ceban con los más débiles", dice.

"Tengo miedo a las deudas que arrastro por los robos, no a estos individuos", confiesa la propietaria de uno de los establecimientos que siguen abiertos en el barrio. "No puedo hacer nada, la Policía dice que les llame, pero cuando llegan ya se han marchado. Impera la ley del más fuerte", añade.

Tímida reacción
La Junta de Latina aprobó por unanimidad y a iniciativa de Ciudadanos, el pasado 1 de febrero, la puesta en marcha de un plan integral para recuperar el barrio y normalizar la convivencia.

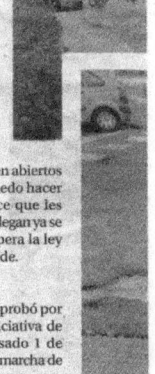

Imagen 28 (Periódico GENTE. Actualidad. Del 16 al 23 de febrero de 2018)

Al fondo, uno de los bloques okupados

La vida en un barrio preso de narcopisos y delincuencia

Varios vecinos cuentan a GENTE su complicado día a día ● Dicen que tienen miedo a perder sus viviendas y sus negocios ● Tienen contabilizados hasta 15 inmuebles donde se vende y se consume droga con total impunidad

TEXTO DE **MIGUEL HERNÁNDEZ** (@miguelher73)

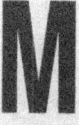

Miedo. Apenas cinco letras definen claramente el sentir general de los vecinos de Los Cármenes, uno de los barrios del distrito más populoso de Madrid, Latina. Miedo a perder sus casas, a perder sus negocios, a perder la vida, ya que muchos de ellos han sido amenazados de muerte.

La razón, el preocupante aumento de la delincuencia derivada de la okupación mafiosa de viviendas, una buena parte destinadas a la venta y al consumo de droga. Los residentes tienen contabilizados hasta 15 narcopisos en el entorno de las calles de Arrayanes, Marcelino Castillo, Laguna y San Robustiano, cuyos moradores ponen en jaque la convivencia. A esta situación, se une la degradación de los espacios públicos, con calles sucias, bolsas de basura tiradas desde las ventanas y pavimentos que vivieron sus mejores momentos hace años. Los desperdicios se concentran en determinadas zonas e incluso drogadictos se administran su dosis en plena vía pública a la vista de cualquier transeúnte.

GENTE ha hablado con varios vecinos que, amparados en el anonimato, cuentan su complicado día a día. "He tenido que quitar hasta el cartel de mi buzón, porque sé que me están buscando al denunciar lo que está pasando", dice Ramón, nombre ficticio de uno de los residentes. "A este paso nos dejan sin casa", relata al tiempo que afirma que los ciudadanos de a pie "no tenemos protección, porque la ley va a favor de los delincuentes. Nuestra libertad termina donde empieza la de ellos".

Este vecino cuenta que hace unos días un individuo accedió por la ventana de una cuarta planta por los tubos del gas y al entrar los dueños a su vivienda les amenazó que les iba a pinchar. Que una vecina se fue a poner flores a la tumba de sus padres al pueblo y cuadro llegó tenía su piso okupado. Y que una señora fue operada y, al regresar, los okupas habían vendido todas sus cosas y hasta el aluminio del cerramiento de su terraza. También, que los mayores no van solos al banco a cobrar sus pensiones. "Se ceban con los más débiles", dice. "Tengo miedo a las deudas que arrastro por los robos, no a estos individuos", confiesa la propietaria de uno de los establecimientos que siguen abiertos en el barrio. "No puedo hacer nada, la Policía dice que les llame, pero cuando llegan ya se han marchado. Impera la ley del más fuerte", añade.

> "HE TENIDO QUE QUITAR HASTA EL CARTEL DE MI BUZÓN" DICE UN RESIDENTE

> LOS MAYORES TIENEN MIEDO A IR SOLOS AL BANCO A COBRAR SUS PENSIONES

Tímida reacción
La Junta de Latina aprobó por unanimidad y a iniciativa de Ciudadanos, el pasado 1 de febrero, la puesta en marcha de un plan integral para recuperar el barrio y normalizar la convivencia.

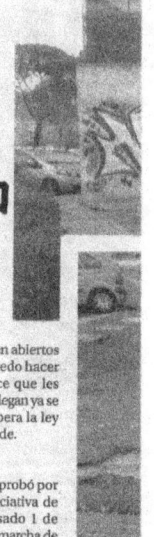

Imagen 29

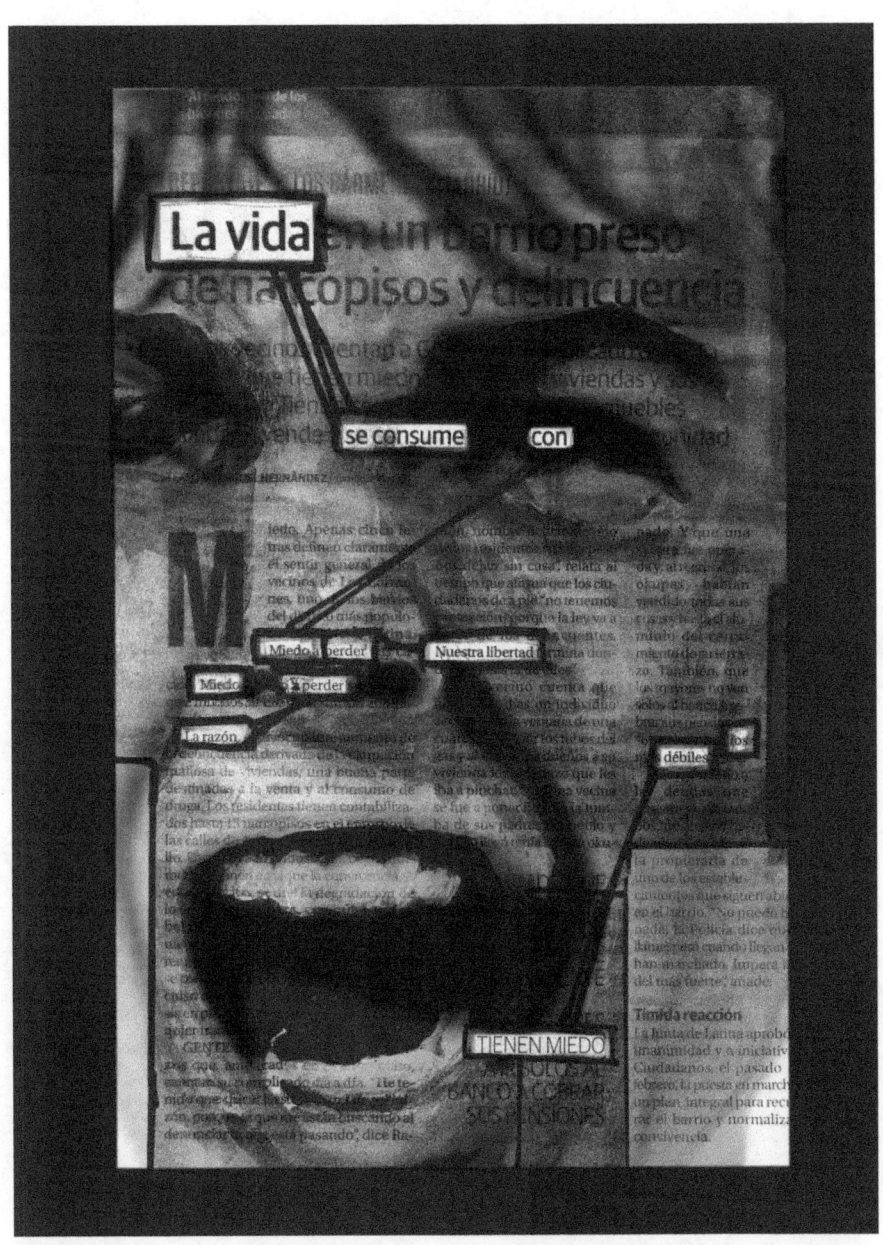

Imagen 30

95

14. JUEGOS TIPOGRÁFICOS.

La tipografía nos sirve en este caso como un medio para crear imágenes, existen multitud de formas para lograrlo, inclusive podemos encontrar programas de ordenador que nos ayuden a dibujar con las letras.

Una de las formas más simples de trabajar con los tipos gráficos es el collage, donde utilizaremos varias tipografías diferentes, recortando cada letra y jugando a cambiar su posición y orientación para ubicarlas de forma que consigamos una imagen a partir de diferentes letras, pegando estas sobre un nuevo soporte.

La imagen 31 muestra cuatro ejemplos realizados con cuatro tipografías distintas (con el abecedario completo) seleccionadas al azar, junto a cada tipografía se revelan las letras utilizadas para elaborar la imagen final. Dichas letras no han sido transformadas en lo relativo a su escala, pero en algunos casos se han duplicado, por lo que, si se realiza esta práctica mediante el collage, sería conveniente entregar dos fotocopias (recomendamos ampliar la tipografía a tamaño DIN A3) por si se requiere utilizar alguna letra dos veces. En el ejemplo propuesto podemos reconocer un médico rezando, un perro pequeño, un rostro y unas copas.

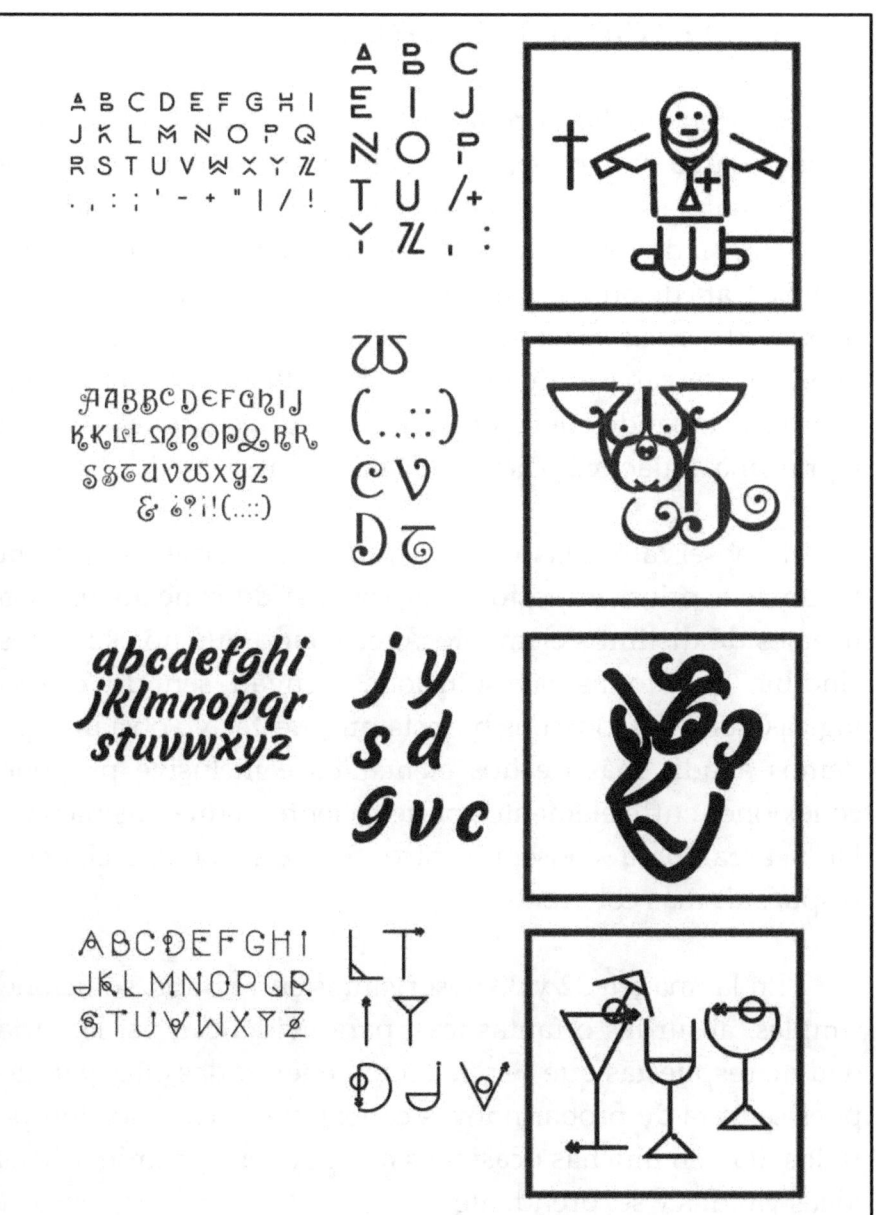

Imagen 31

15. RELACIONES ALEATORIAS.

Existen muchas formas de llevar a cabo esta técnica, proponemos una variante para la cual vamos a utilizar imágenes. Seleccionamos dos imágenes al azar que no tengan nada que ver entre sí, de forma que asociadas susciten una nueva imagen. Se trata de buscar y hallar mediante esa conexión forzada nuevas ideas y asociaciones, para conseguir buenos resultados debemos ser capaces de imaginar más allá de nuestra percepción, relacionando conceptos sin una supuesta conexión, para lograr una situación, objeto o idea diferente.

Si observamos la imagen 32, advertimos diez propuestas o sumas a priori imposibles, al tratarse de conexiones poco usuales de distintos elementos, pero dado que no es imprescindible que todas las soluciones tengan sentido o sean lógicas, sería del todo posible esta propuesta. No obstante, podemos añadir más de dos elementos e inclusive proponer conexiones entre elementos pertenecientes a una misma familia o área, para conseguir otro tipo de combinaciones o respuestas más coherentes.

En la imagen 32 y 33 observamos entre otras, soluciones simples, absurdas o fantásticas, para evidenciar así la variedad de respuestas que se pueden obtener, todas ellas válidas, pues se trata de probar nuevas conexiones y caminos inesperados, que en muchas ocasiones nos pueden encaminar hacia ideas válidas y sorprendentes.

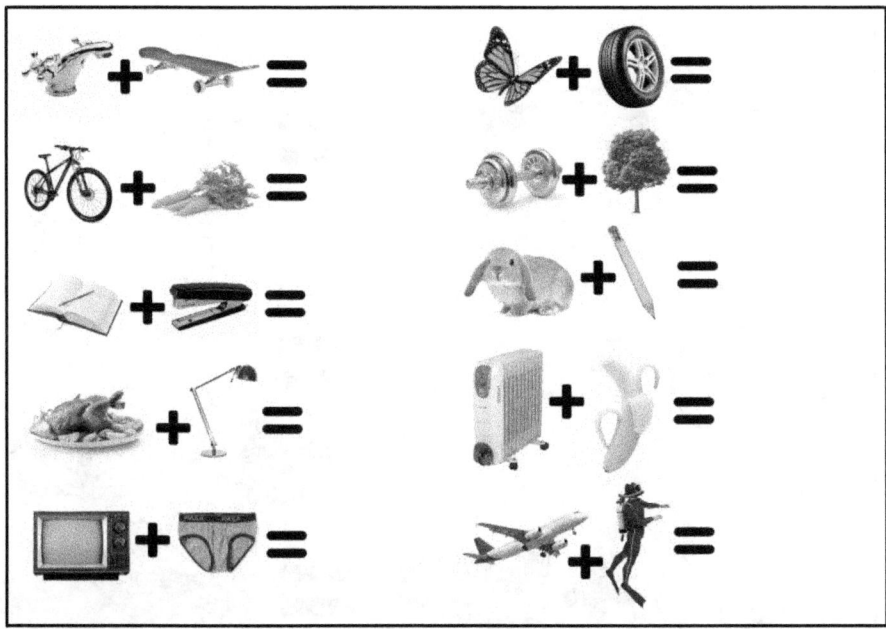

Imagen 32

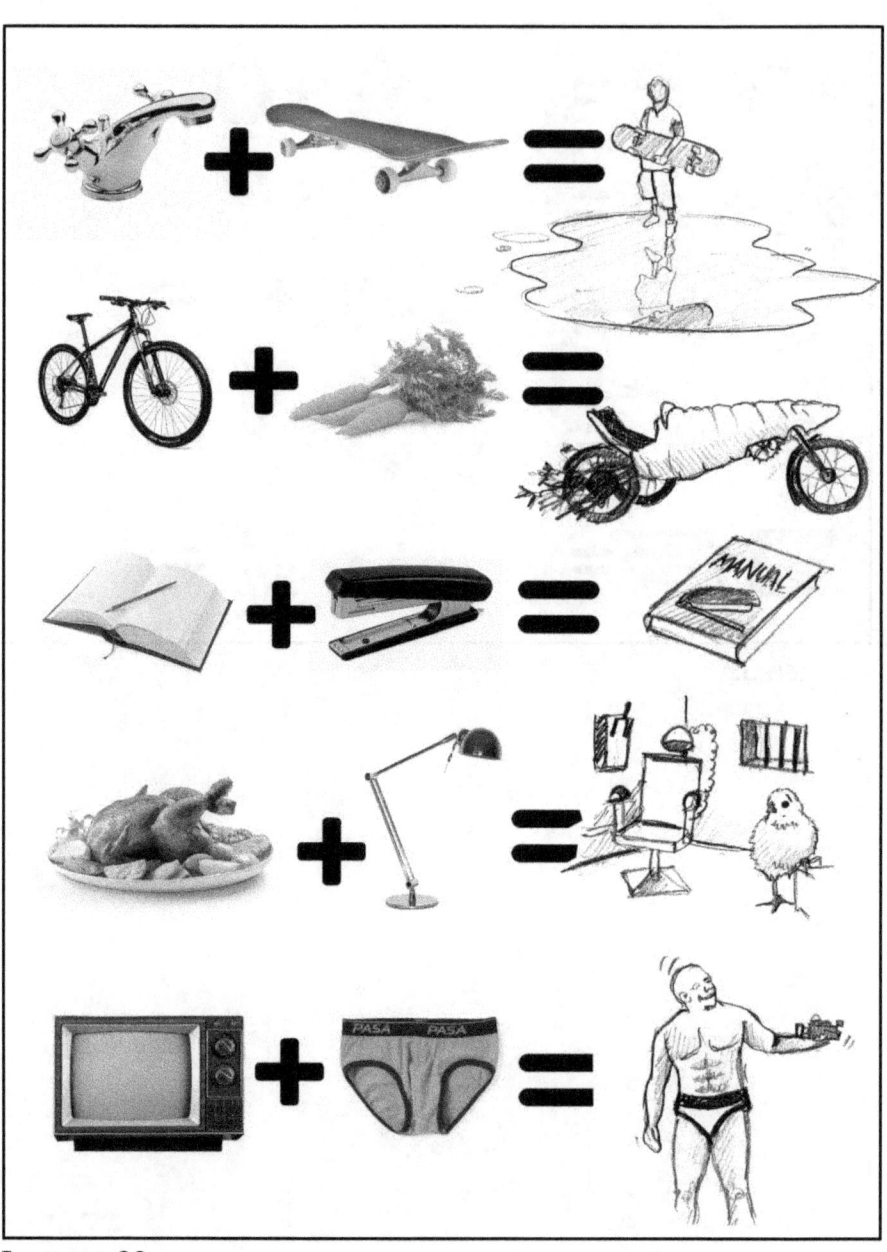

Imagen 33

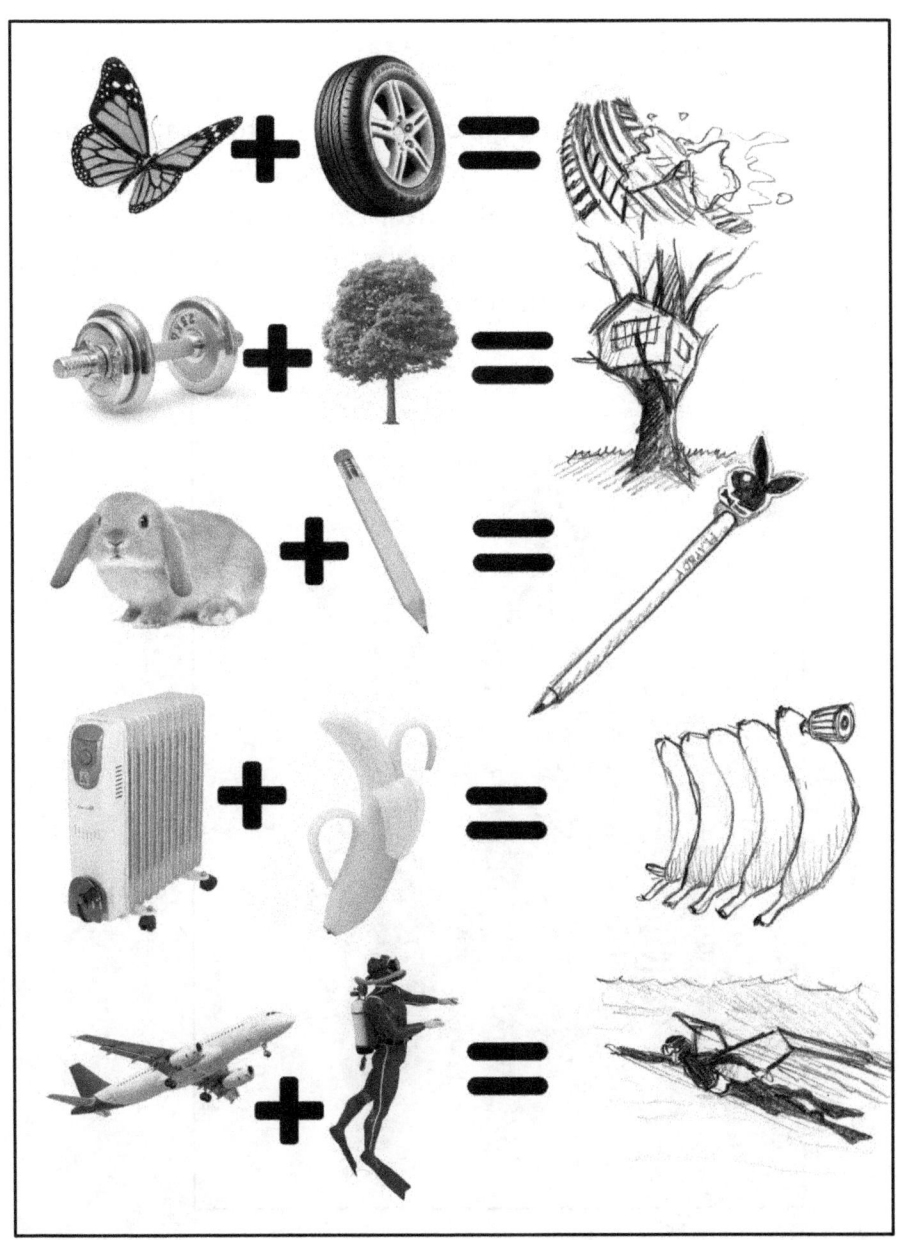

Imagen 34

16. DIBUJAR CON OBJETOS.

Mediante una serie de pequeños objetos trataremos de suscitar dibujos a partir de los mismos. Pueden ser válidos igualmente elementos naturales, artificiales o repetidos (usando el mismo objeto o muchos objetos iguales), en este caso trabajamos con cada elemento por separado (imagen35).

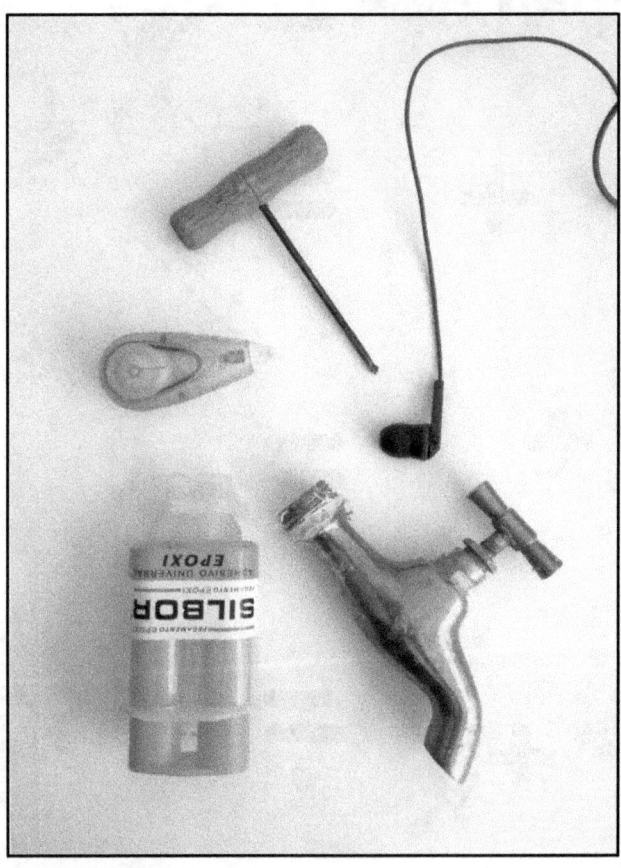

Imagen 35

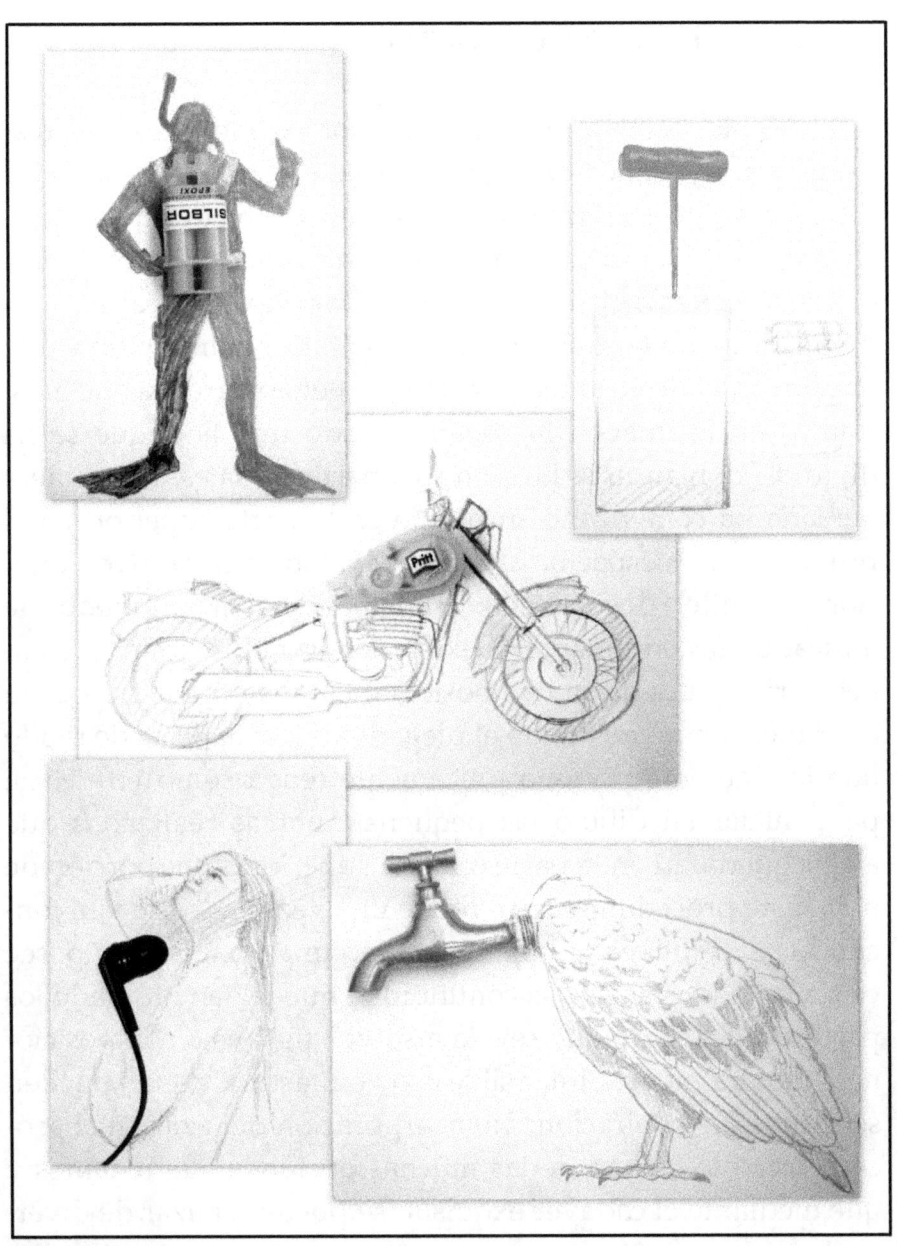

Imagen 36

17. CADÁVER EXQUISITO.

Técnica colaborativa ya usada por los dadaístas y surrealistas y muy conocida, que sin duda consigue resultados diferentes y poco comunes. Para comenzar con una de sus muchas variantes es necesario contar con la participación de tres o cuatro personas. Por orden cada participante realizará un dibujo que será la continuación del anterior, aunque sin ver lo que ha dibujado su antecesor. Para la versión gráfica que mostramos en la imagen 37, hemos usado una hoja que se ha dividido doblando la hoja en tres partes iguales. La primera persona ha comenzado su dibujo en la parte superior, en el primer tercio o espacio. Al llegar a la doblez en su parte inferior o límite, dejará unas pequeñas marcas a modo de indicadores, continuando o extendiendo mínimamente las líneas principales de su composición. Para continuar, se oculta el primer dibujo mediante el plegado de dicha parte de modo que la siguiente persona únicamente tenga como referencia para iniciar su dibujo las pequeñas marcas realizadas que ahora quedarán en la parte o límite superior de su porción de hoja. Este procedimiento se repite una vez más. Una vez concluido se despliega la hoja revelando una imagen que posee cierta unidad gracias a la continuidad que le han otorgado los participantes, pero que revela a su vez figuras o composiciones generalmente imposibles o fantásticas que pueden servirnos de inspiración. La incorporación del azar en el proceso creativo es una de las muchas opciones que tenemos y que mediante el cadáver exquisito se puede realizar de diversas maneras.

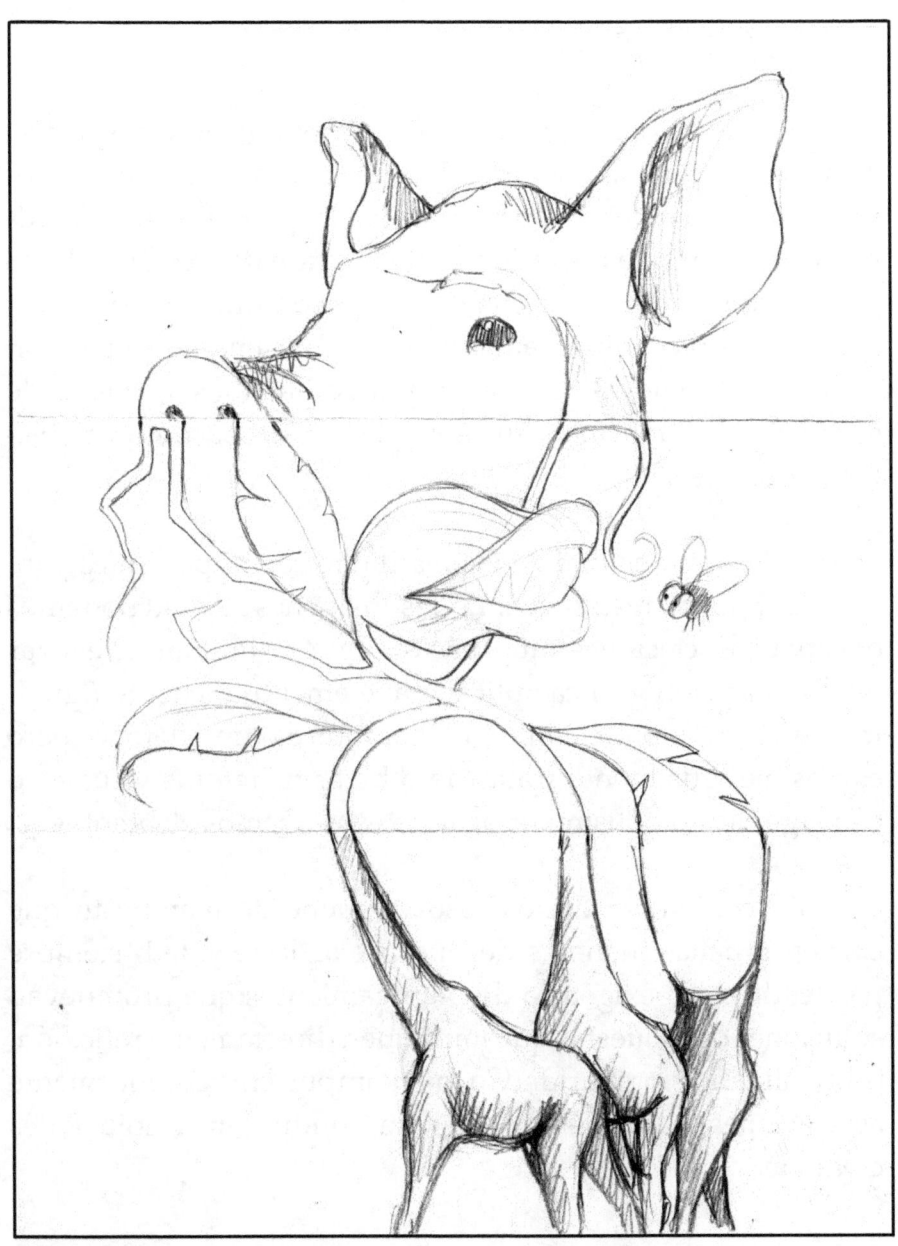

Imagen 37

18. SEIS ADJETIVOS.

Seis adjetivos o más serán necesarios para iniciar esta técnica. Como en la mayor parte de las propuestas hay diferentes formas de acometer esta práctica. Hemos seleccionado seis adjetivos al azar para posteriormente relacionarlos con un objeto o elemento inanimado y con otro animado (imagen 38). También es posible utilizar adjetivos que únicamente se puedan emplear refiriéndose a personas para dibujar las imágenes de esos adjetivos aplicados en seres humanos, así como en objetos y viceversa.

La espontaneidad y la versatilidad son importantes para obtener buenos resultados. En las imágenes 39 y 40 podemos observar asociaciones muy básicas que se limitan a realizar una descripción gráfica aplicada al elemento escogido (igualmente al azar), por ejemplo, un sombrero o un teléfono, pero es posible igualmente tratar de dibujar metáforas visuales o con algo de simbolismo utilizando esos mismos elementos.

En cualquiera de los casos se pone de manifiesto que existen muchas maneras de interpretar la realidad, siempre partiendo de la exigencia de planteamientos que promuevan soluciones o respuestas que impliquen directamente reflexión, originalidad, singularidad o bien impulsen posteriormente asociaciones y deliberaciones que conduzcan a soluciones creativas.

COMPLICADO	COMPLICADO
FUERTE	FUERTE
CANSADO	CANSADO
TÍMIDO	TÍMIDO
LIBRE	LIBRE
ALEGRE	ALEGRE

Imagen 38

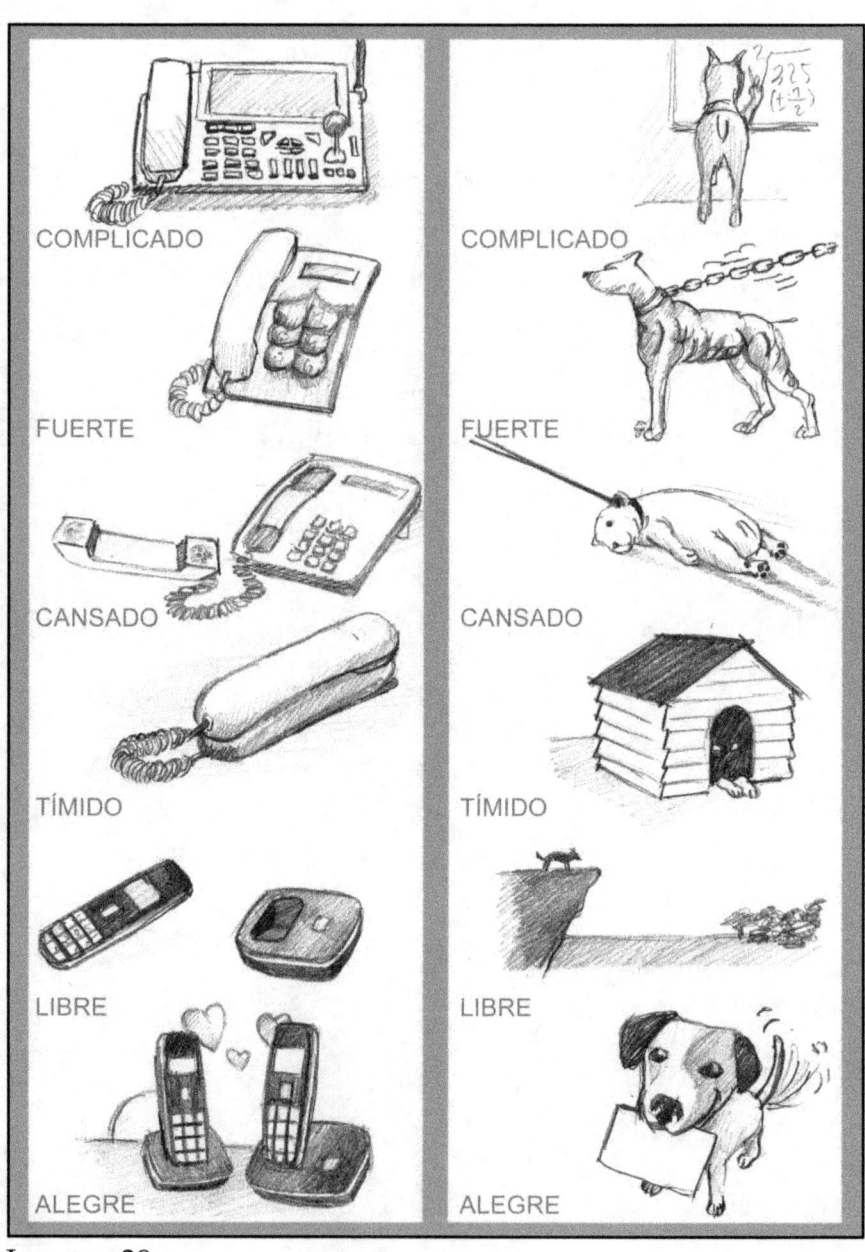

COMPLICADO

COMPLICADO

FUERTE

FUERTE

CANSADO

CANSADO

TÍMIDO

TÍMIDO

LIBRE

LIBRE

ALEGRE

ALEGRE

Imagen 39

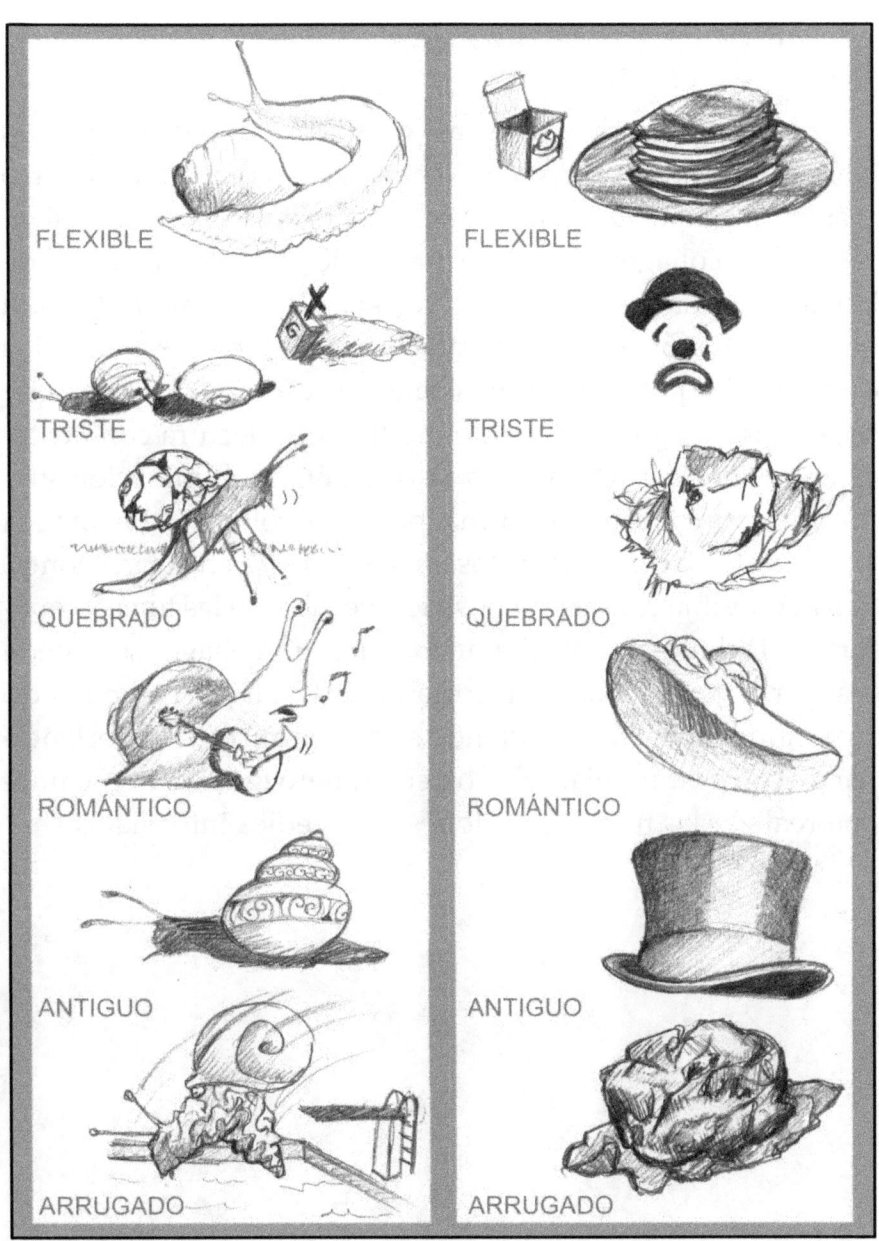

FLEXIBLE

FLEXIBLE

TRISTE

TRISTE

QUEBRADO

QUEBRADO

ROMÁNTICO

ROMÁNTICO

ANTIGUO

ANTIGUO

ARRUGADO

ARRUGADO

Imagen 40

19. CÓDIGOS DE BARRAS.

Los códigos de barras, así como otro tipo de elementos comunes como los códigos QR, nos pueden ofrecer un recurso más para crear. Mediante este elemento tan conocido realizaremos un collage utilizando para ello distintos códigos de barras recopilados de internet, como en la imagen 41. Al igual que en la mayor parte de las prácticas, existen muchos modos de proceder. Podemos transformar los códigos de forma que se pudiesen seguir utilizando mediante su lectura con un escáner, es decir, conservando la posición, la numeración y la franja inferior o cambiar forma, posición, color, etc. La imagen 42, muestra nueve ejemplos de posibles transformaciones, pero es posible cambiar la posición vertical de las líneas, separarlas, inclinarlas, continuarlas, etc. El collage se puede realizar de forma manual recortando los códigos, combinando y pegando las barras, dibujando sobre los mismos o cubriendo partes con pintura blanca o corrector, pero igualmente se pueden realizar las transformaciones con medios informáticos

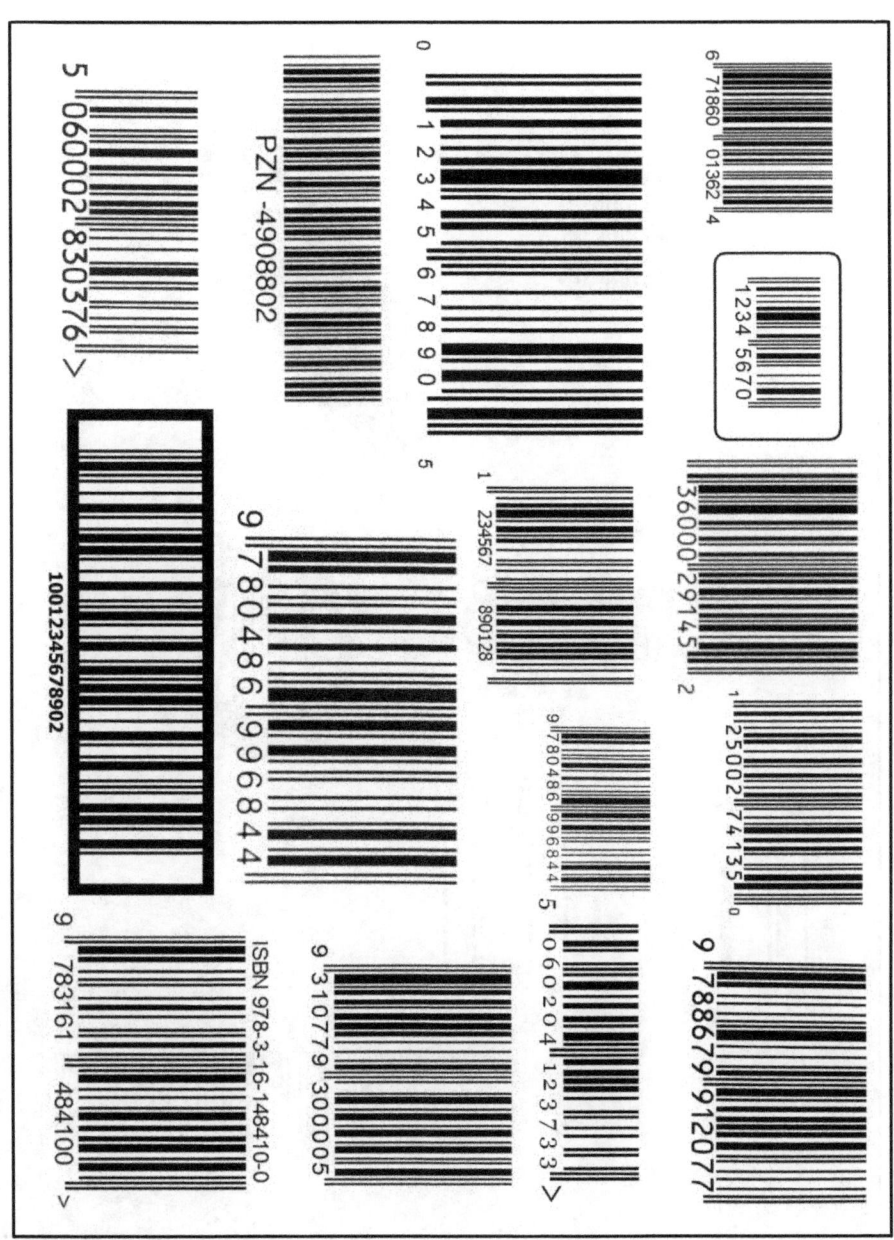

Imagen 41

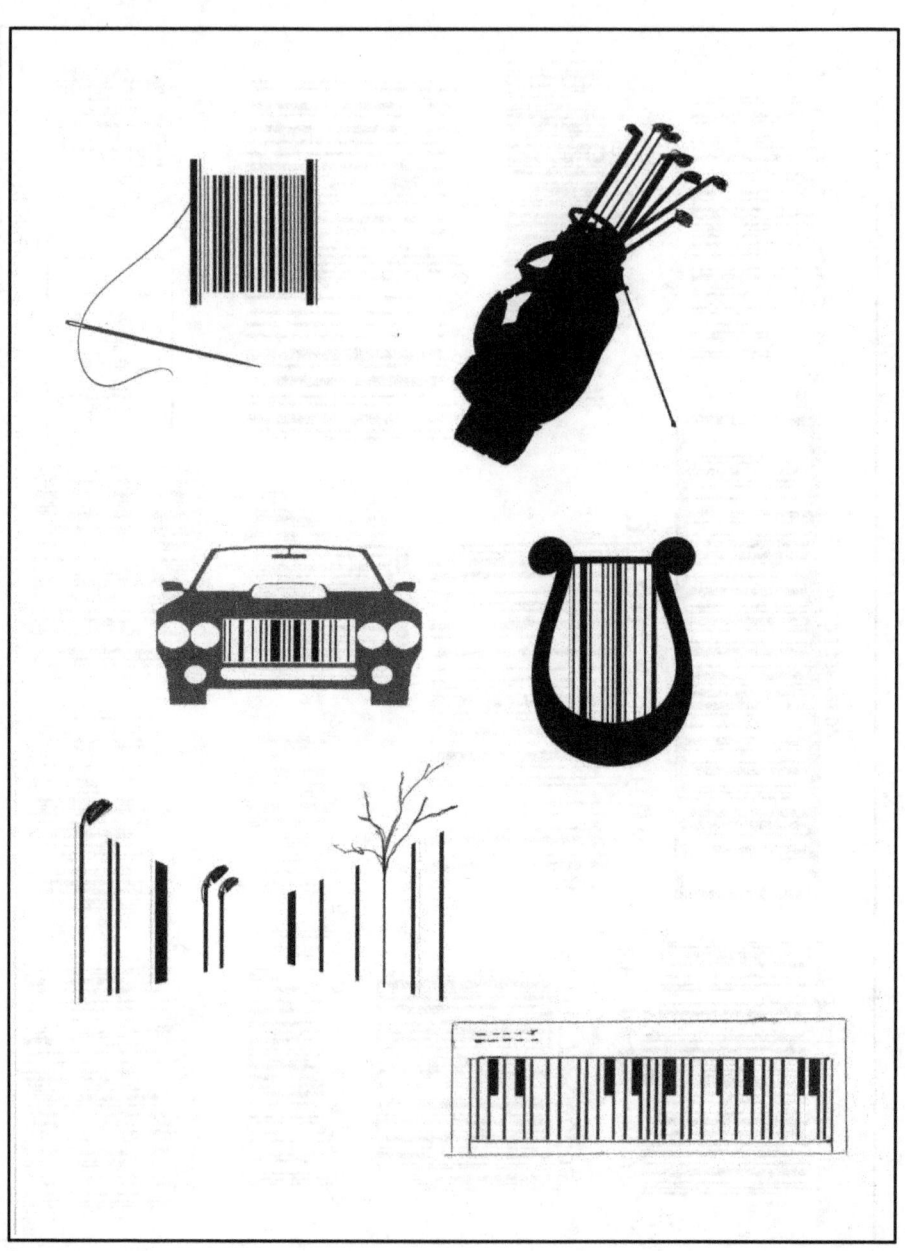

Imagen 42

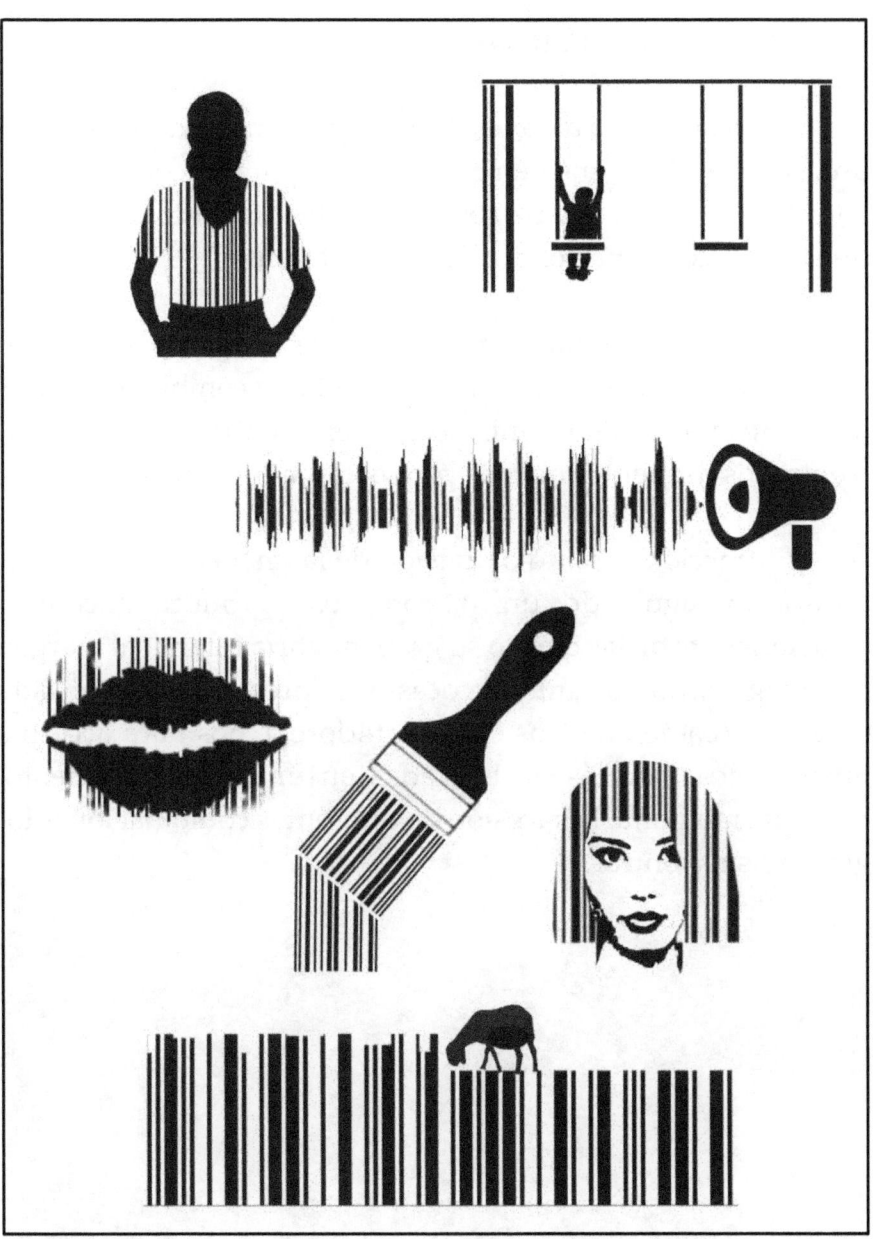

Imagen 43

20. COMBINACIONES.

En esta técnica a través del collage vamos a descomponer una serie de imágenes en fragmentos, para, a continuación, mezclar los diferentes trozos resultantes tratando de realizar una nueva combinación totalmente diferente.

La imagen 43 muestra una serie de imágenes, en su mayoría objetos que recortaremos a voluntad y combinaremos las diferentes partes de un mismo elemento entre sí (imagen 44) o entre los diferentes objetos proporcionados (imagen 45).

El fraccionamiento o división de la imagen, de forma arbitraria o siguiendo un patrón nos permitirá encontrar soluciones absurdas que en su gran mayoría estarán al margen de la lógica, no obstante, en ocasiones precisamente esa falta de lógica (como en otros casos anteriores), nos dará acceso a nuevas ideas, quizás no buscadas en un primer momento, pero que mediante la sucesión de diferentes combinaciones lograremos encontrar.

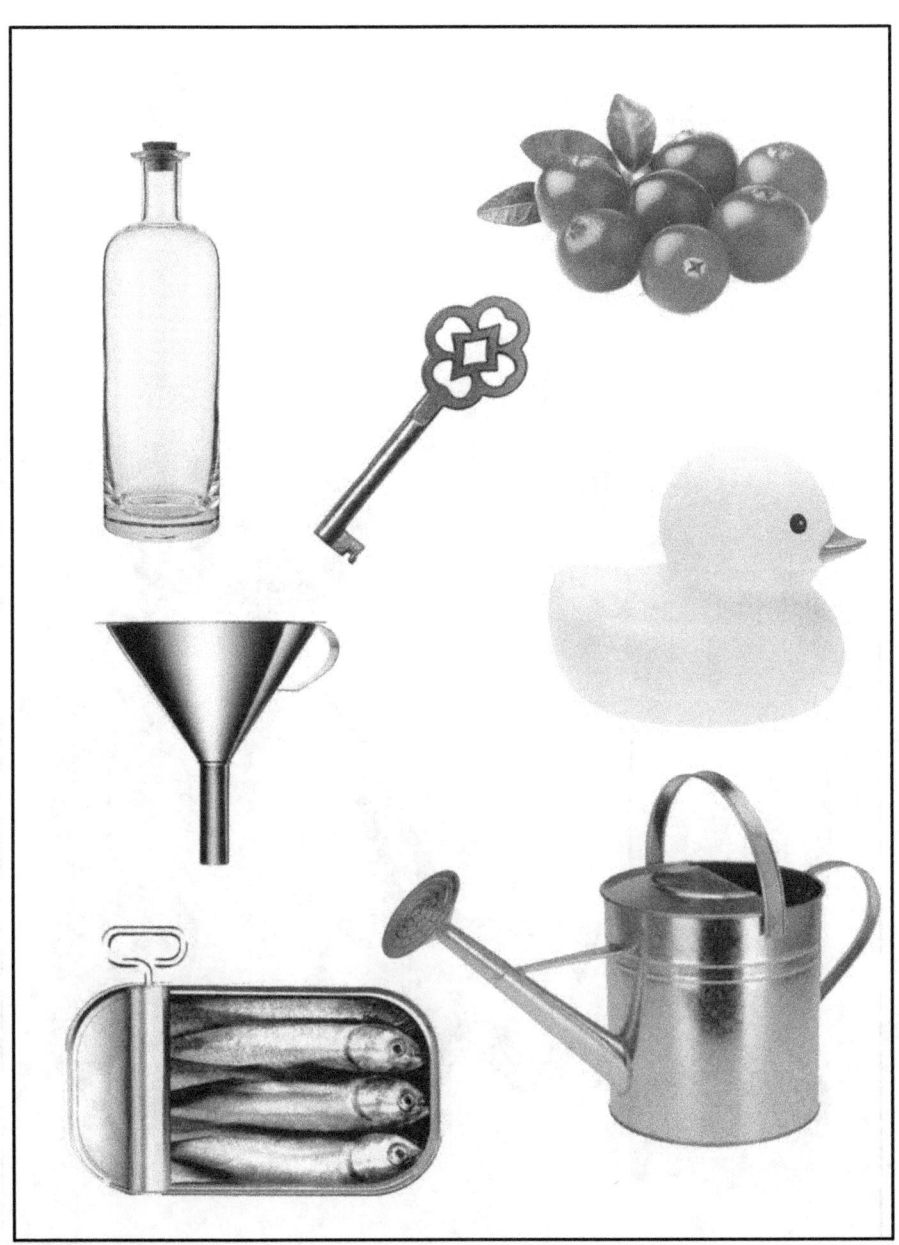

Imagen 44

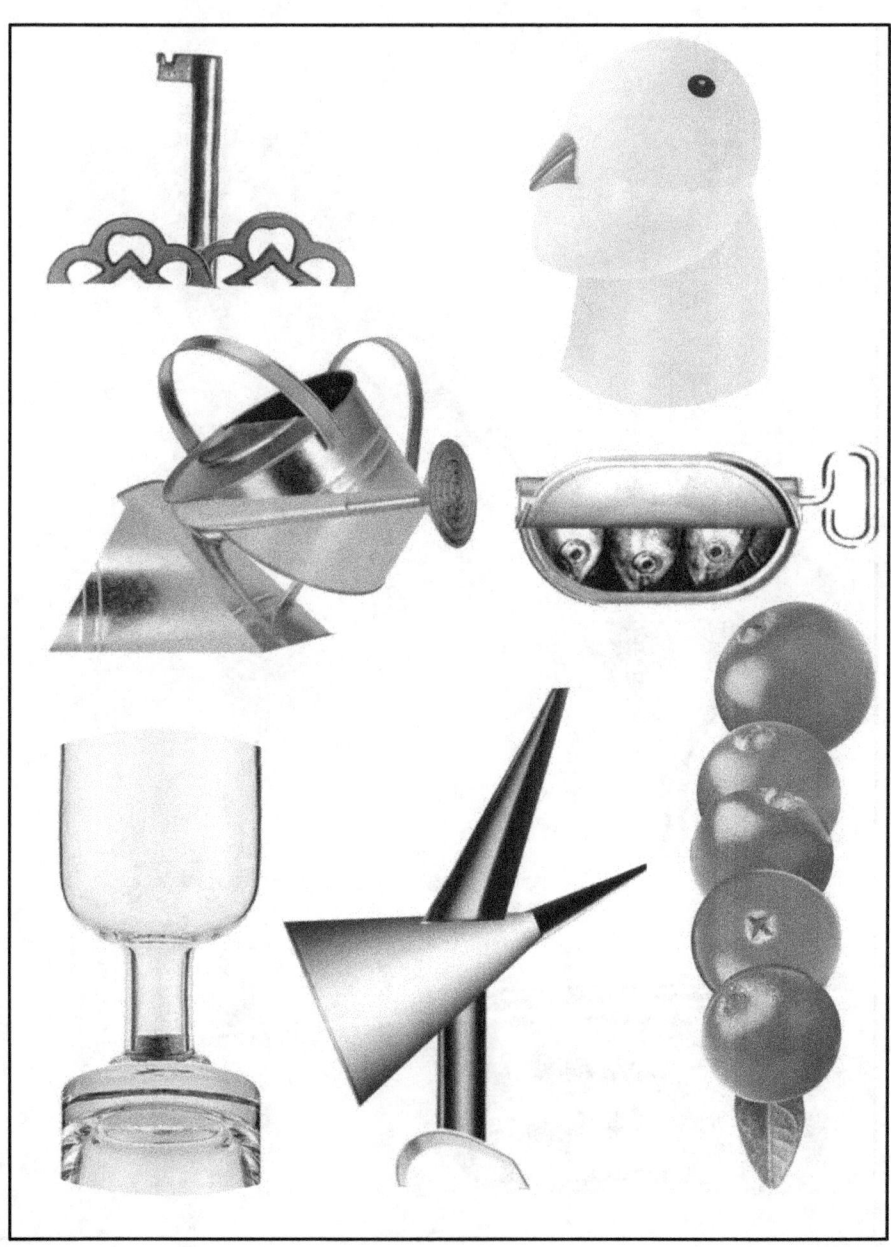

Imagen 45

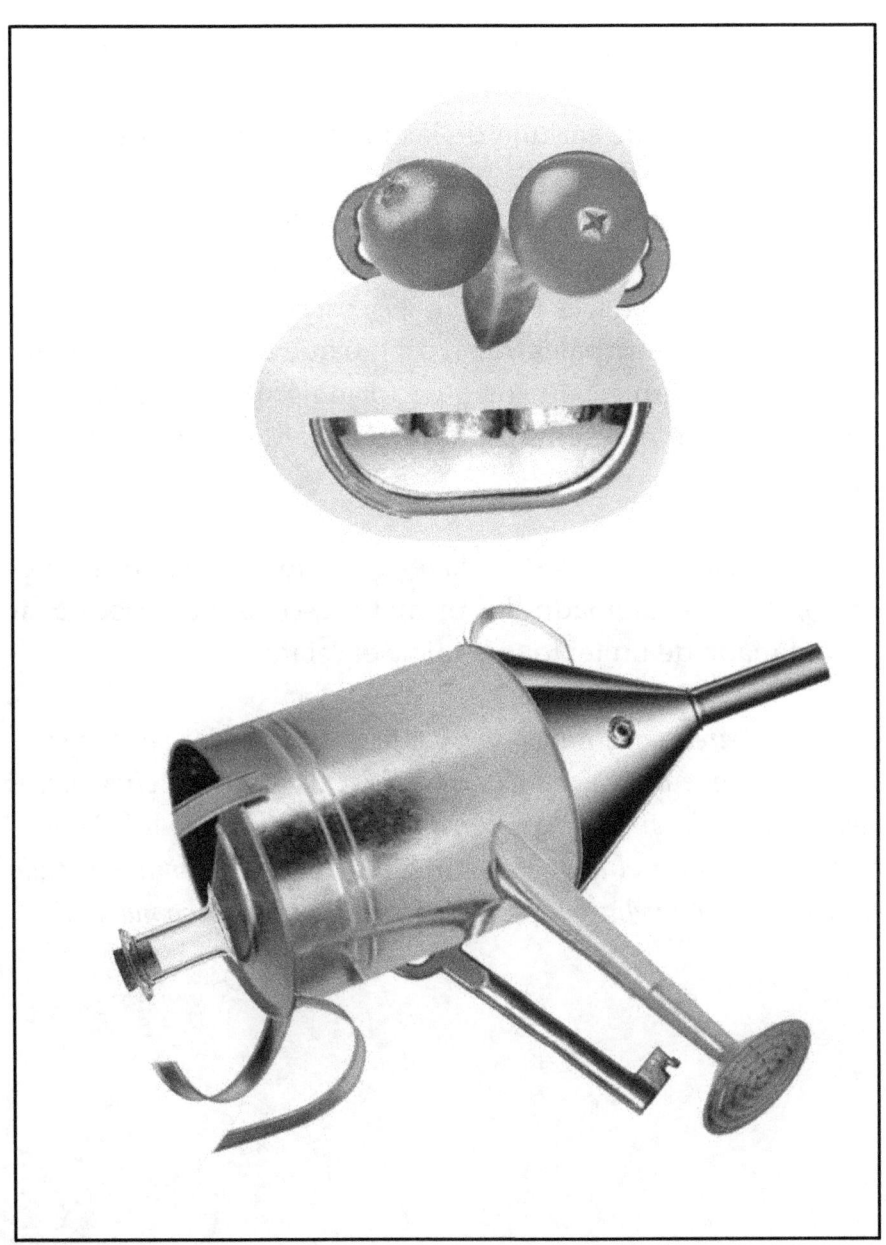

Imagen 46

21. COMPOSICIÓN Y RELATO CON LÍNEAS.

Esta puede ser una de las muchas formas que existen para iniciar un *story board*, un cómic o un relato gráfico, al que acompañaremos con texto. Como estímulo en esta ocasión escogemos líneas (imagen 47), en forma de letras (imagen 48) y mediante líneas curvas (imagen 49), estas van a ser las líneas compositivas principales de un dibujo que a su vez va a iniciar una historia o un relato corto de forma gráfica y verbal, que podremos continuar en forma de cómic, mediante ilustraciones, etc.

En la imagen 48, con la letra S como elemento compositivo, hemos dibujado la primera escena que podría ir acompañada de un texto que inicie el relato:

"Parecía que nunca se iba a terminar, pero se podía distinguir la luz que anunciaba lo contrario en el extremo. Unos pocos metros antes del final se apreciaba una cadena de lado a lado, que, pese a no impedir el acceso enmarcaba un extraño camino elevado situado sobre un peligroso precipicio donde nunca hubo nada..."

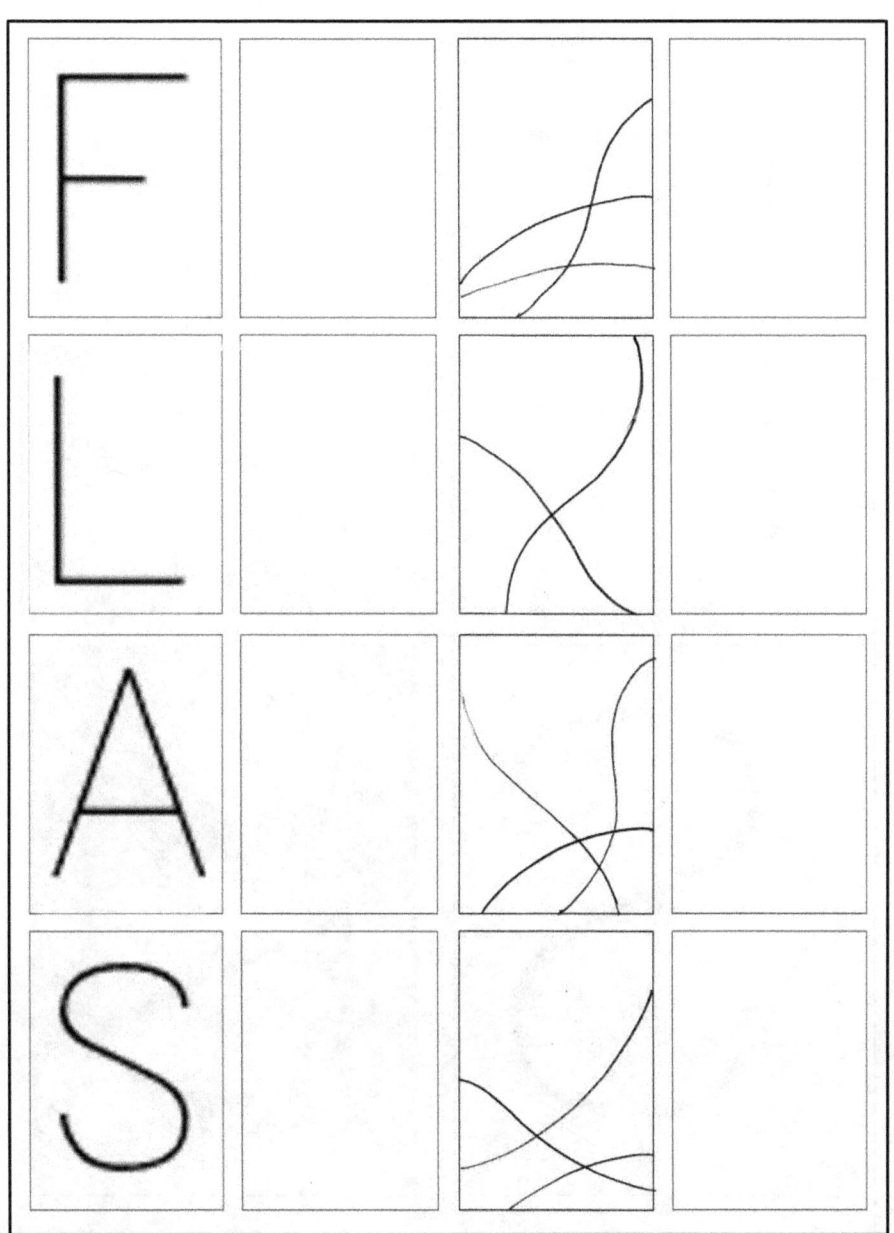

Imagen 47

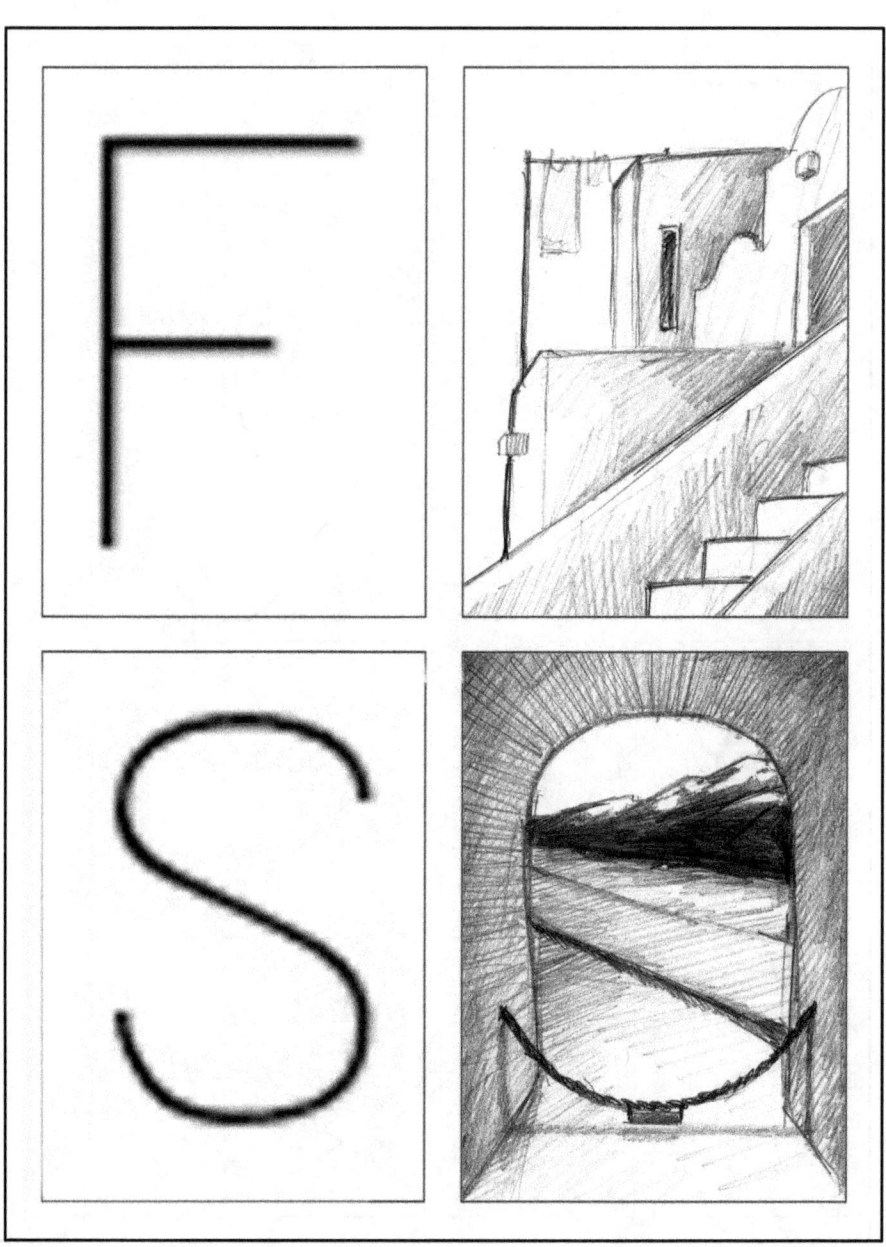

Imagen 48

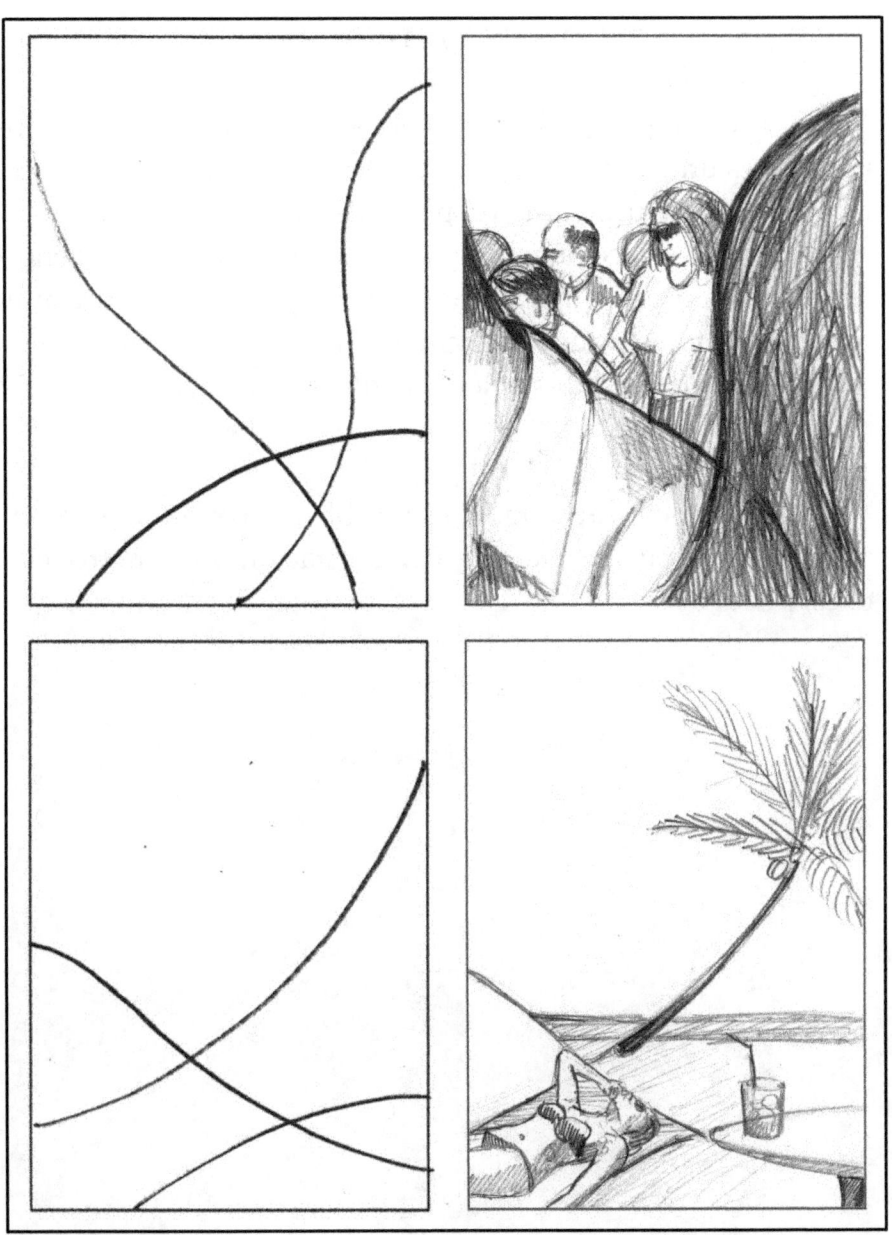

Imagen 49

22. ESTACIONES DE METRO.

La reinterpretación o la reelaboración de elementos conocidos es uno de los recursos que tenemos a nuestro alcance.
En esta práctica utilizamos el plano de Metro de Madrid (imagen 50) para seleccionar una serie de estaciones, añadiendo
una imagen a cada una que guarde estrecha relación con el
nombre de la estación. La imagen 51 muestra cuatro iconos
descriptivos de cada estación mientras que en la imagen 52
hemos utilizado dibujos.

Como hemos apuntado, es posible interpretar elementos
populares o muy extendidos, como estaciones de metro, car-
teles, planos, etc.

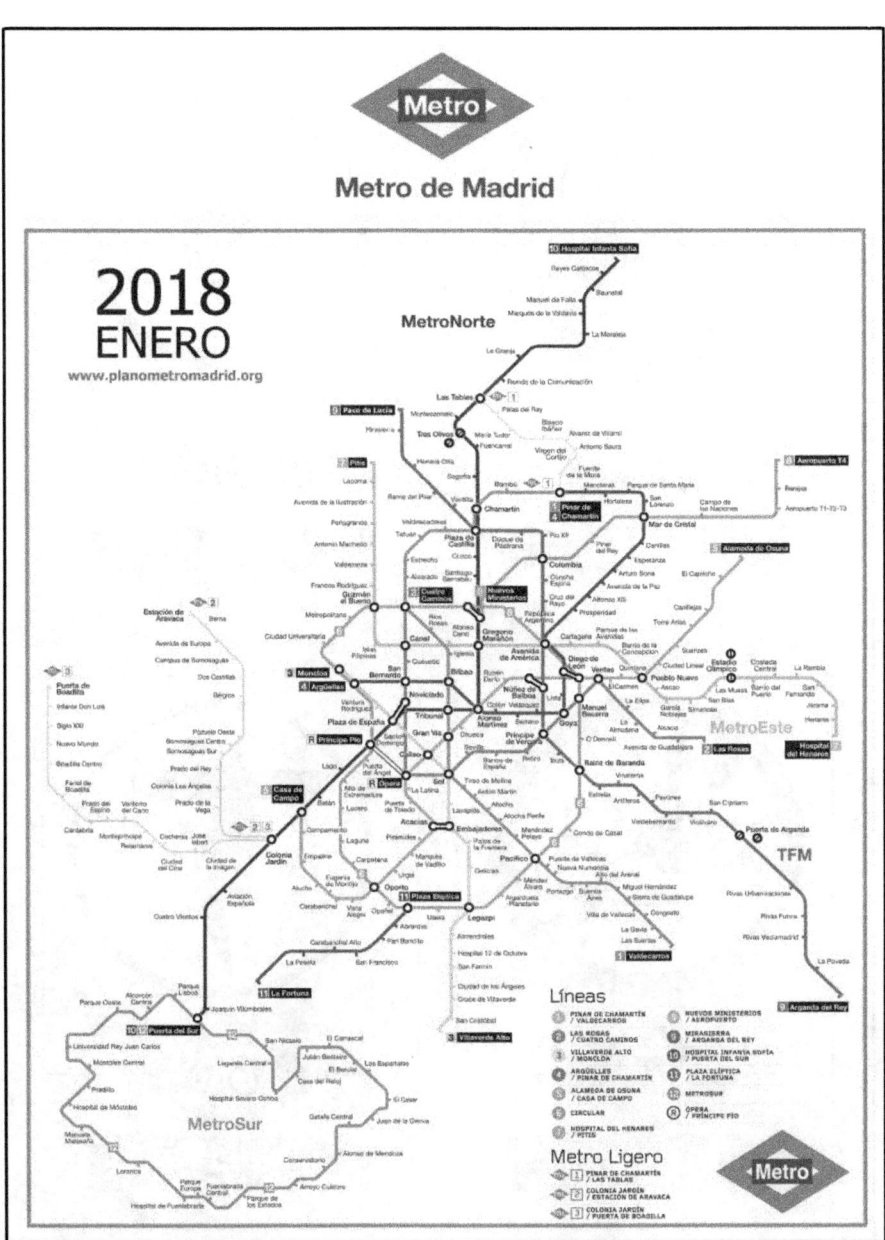

Imagen 50

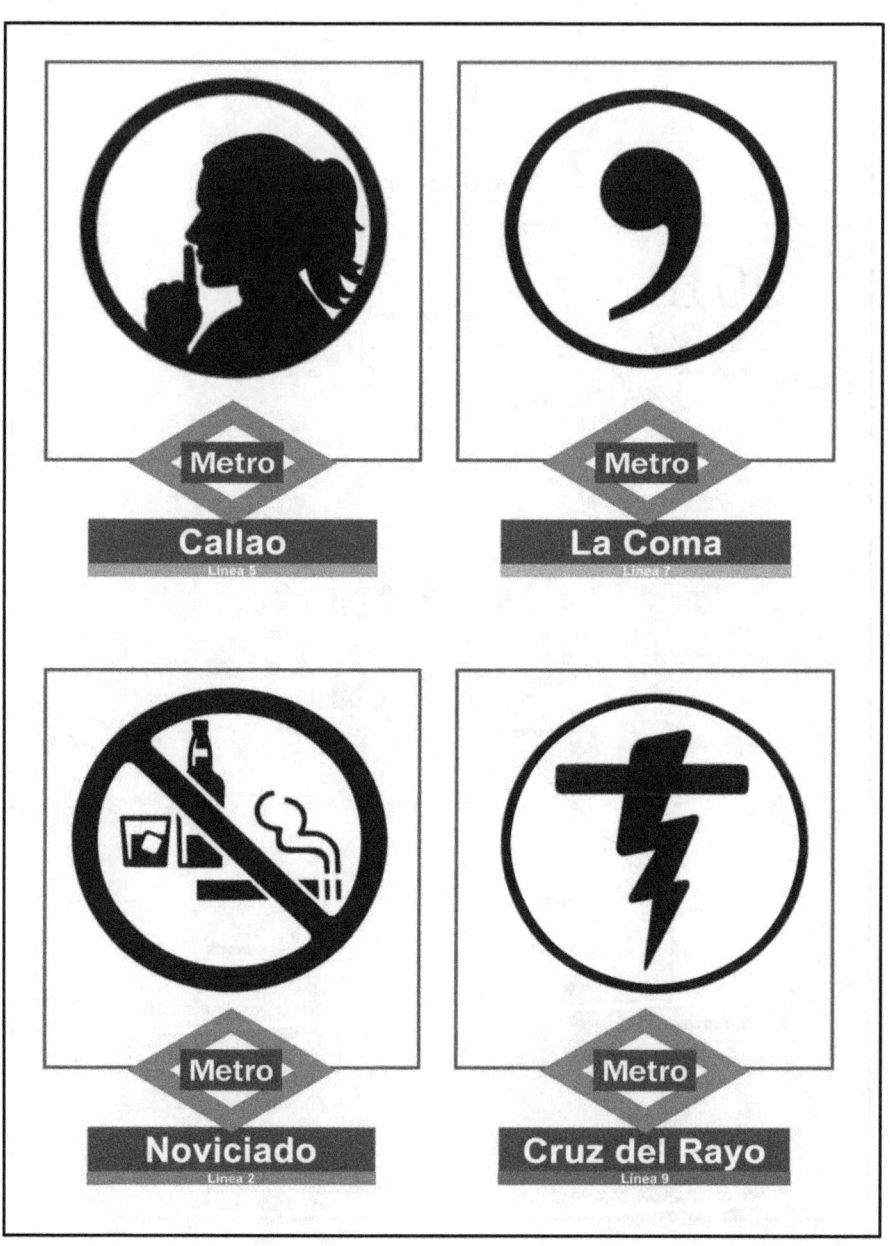

Imagen 51

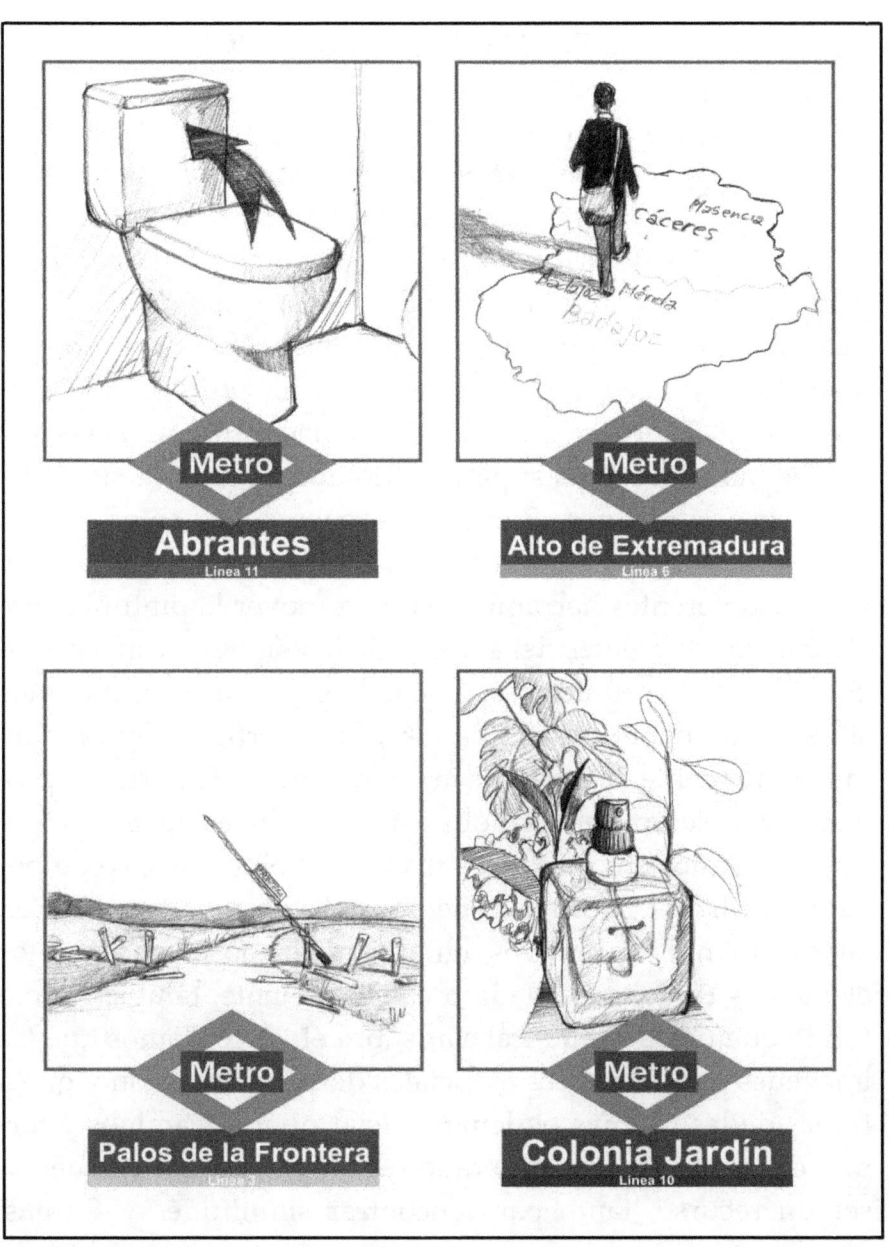

Imagen 52

125

23. FORMAS EN PAPELES JASPEADOS.

Esta técnica (también conocida como *marmolado, marbling o suminagashi*) permite generar formas dotadas de expresividad y movimiento utilizando para ello pintura con base de aceite. Para comenzar, añadiremos agua a un recipiente o cubeta con un tamaño algo mayor que los papeles o cartulina que vayamos a utilizar. Posteriormente preparamos los colores al óleo que rebajamos con un poco de aguarrás puro o esencia de trementina. Al situar la pintura sobre el agua esta se mantiene en la superficie flotando debido a su contenido en aceite y permitiéndonos generar diferentes formas arbitrarias sobre el agua. Es posible mezclar varios colores y utilizar deferentes herramientas para mover la pintura sobre el agua, las diferentes densidades de los líquidos van a propiciar resultados únicos e irrepetibles, que capturaremos situando un papel o cartulina sobre la superficie y retirándolo inmediatamente después. La imagen 53 muestra parte del proceso y dos ejemplos realizados con óleo. En las imágenes 54 y 55 observamos en otro de los resultados obtenidos, como podemos utilizar las formas generadas al azar para descubrir en ellas elementos figurativos, igualmente es posible utilizar los elementos de forma aislada o conjuntamente, también como fondo que nos permita trabajar sobre él. Recordamos que las imágenes son elementos esenciales de la imaginación y que a través de las mismas podemos iniciar nuevos caminos y formas de proceder. Lo inesperado y las formas casuales pueden ser un recurso, tanto para encontrar similitudes y formas, como para utilizar de forma íntegra.

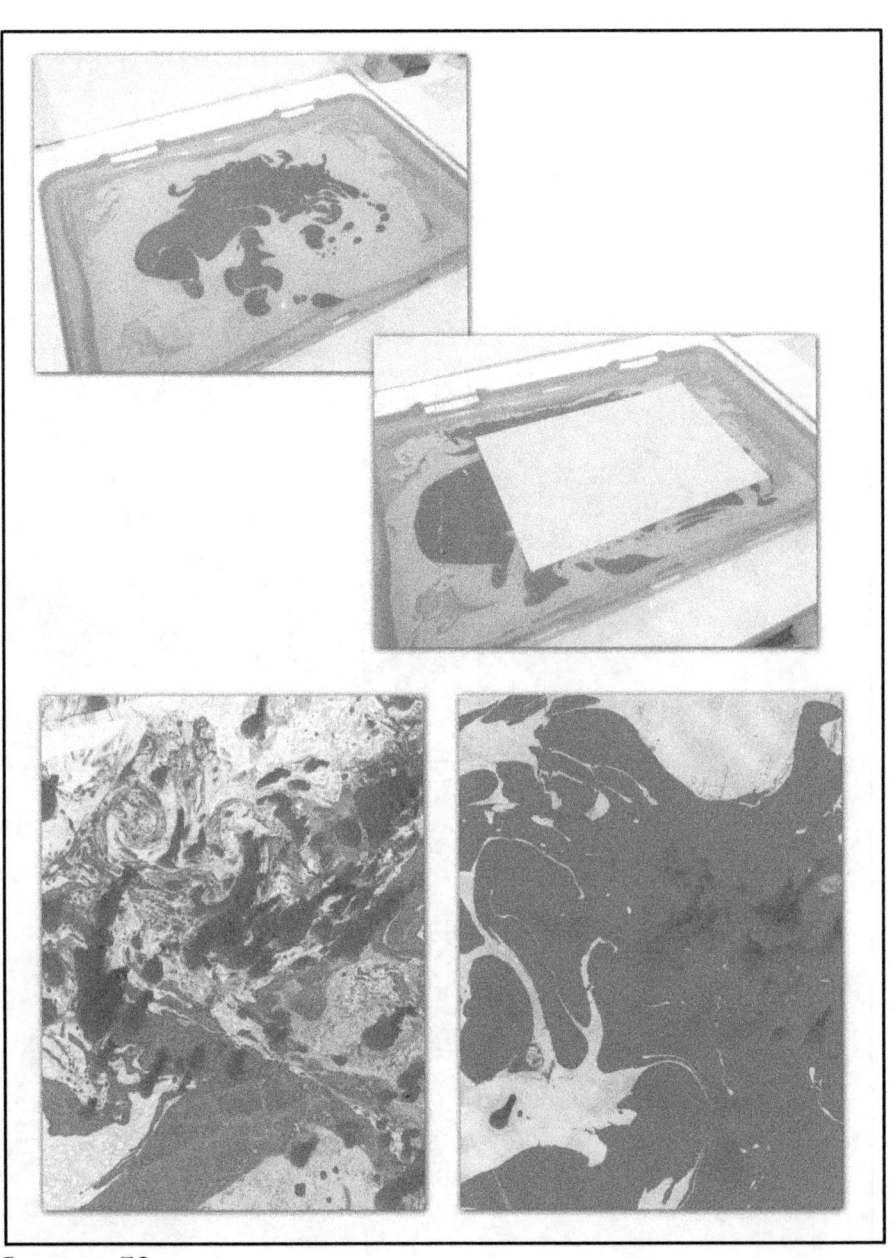

Imagen 53

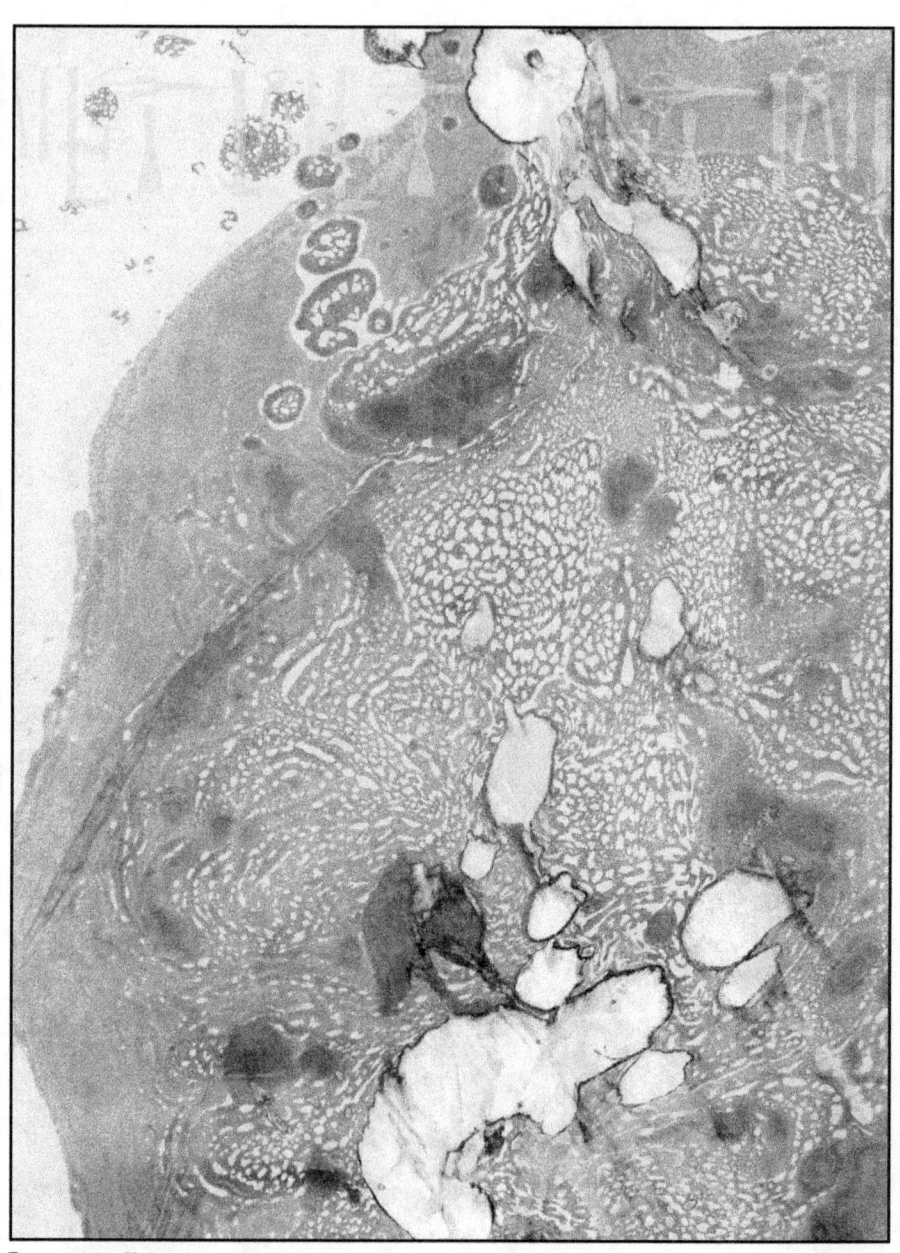

Imagen 54

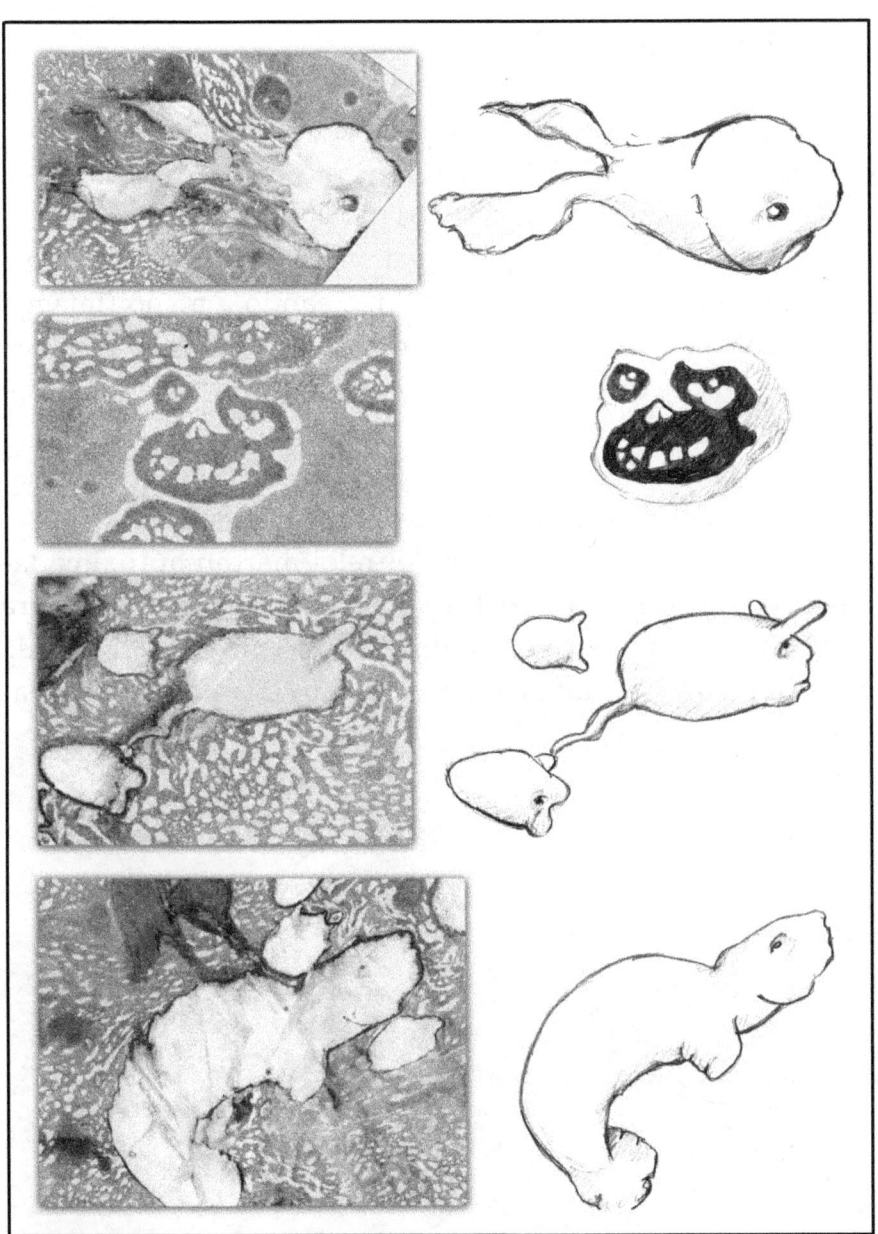

Imagen 55

24. RELOJES IMPOSIBLES.

Elaborar diferentes diseños para un determinado objeto es una práctica conocida. Actualmente existen aplicaciones que nos permiten realizar diseños para nuestro "*Smart Watch*" lo que le confiere una utilidad real y funcional. Podremos poner a trabajar nuestra imaginación, creando a mano (imagen 57) o con cualquier aplicación informática de diseño (imagen 58) una serie de diseños adaptados al elemento escogido (imagen 56).

En los ejemplos propuestos en la imagen 58 podemos apreciar que todas las esferas del reloj marcan aproximadamente la misma hora (14:36 h.) y algunas de las opciones fuera de lo habitual que es posible diseñar. Las fases de diseño de un producto propician un entrenamiento intenso a nivel creativo.

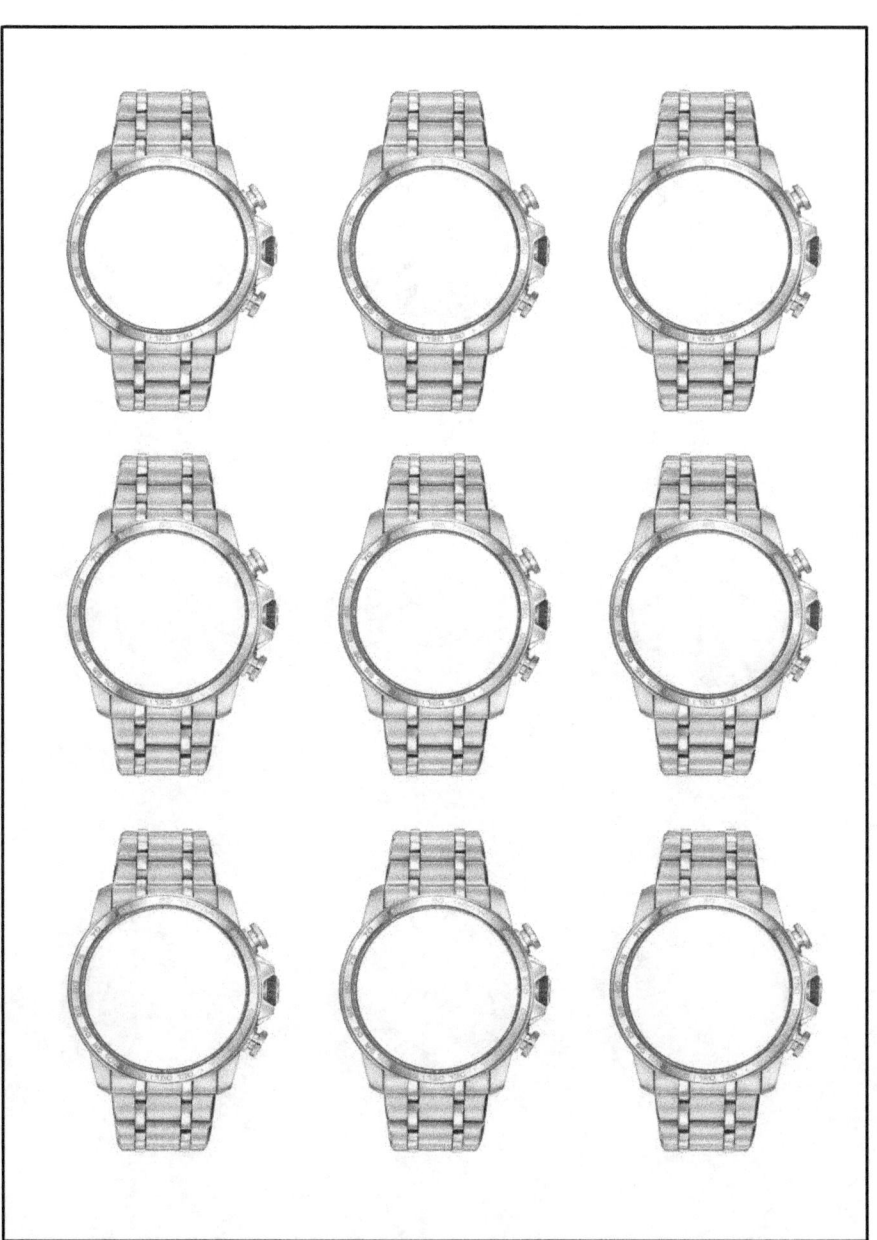

Imagen 56

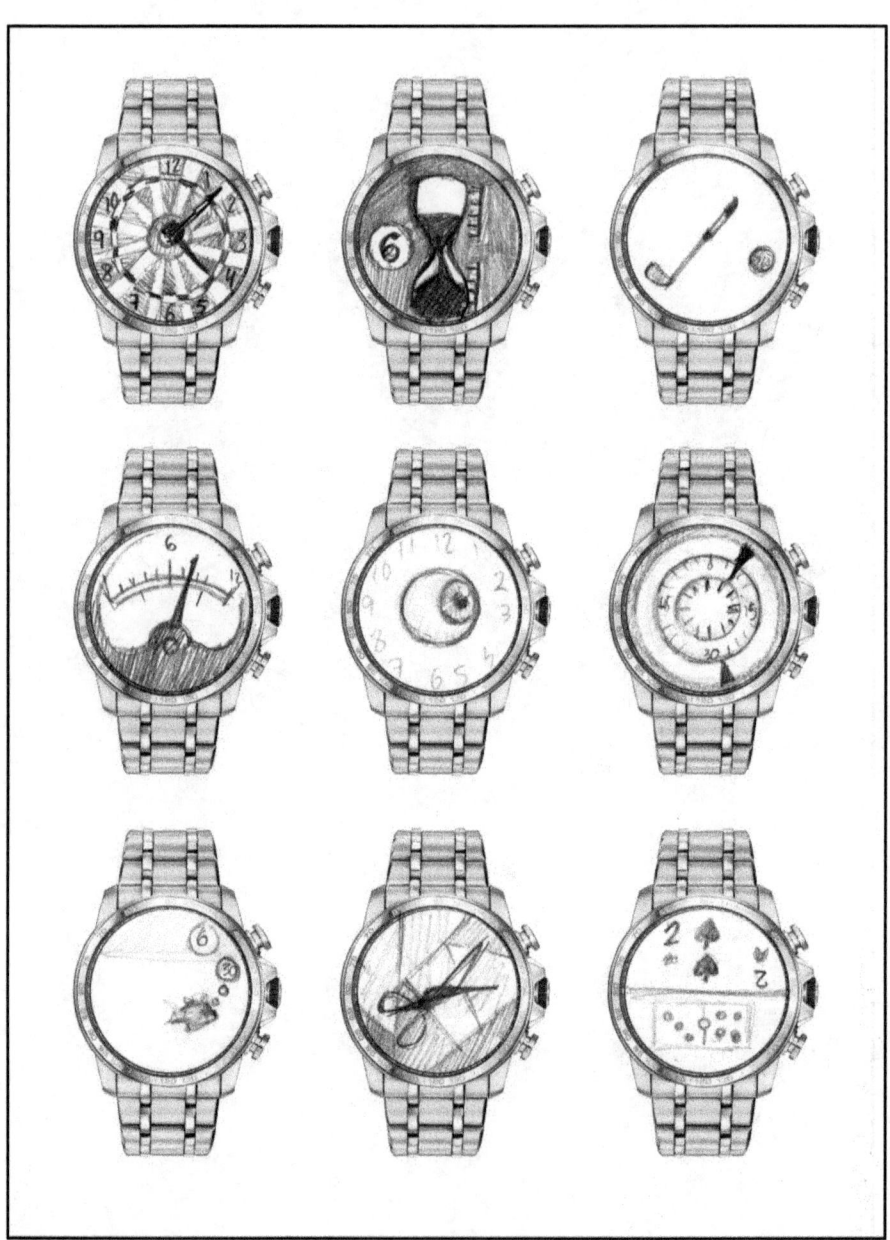

Imagen 57

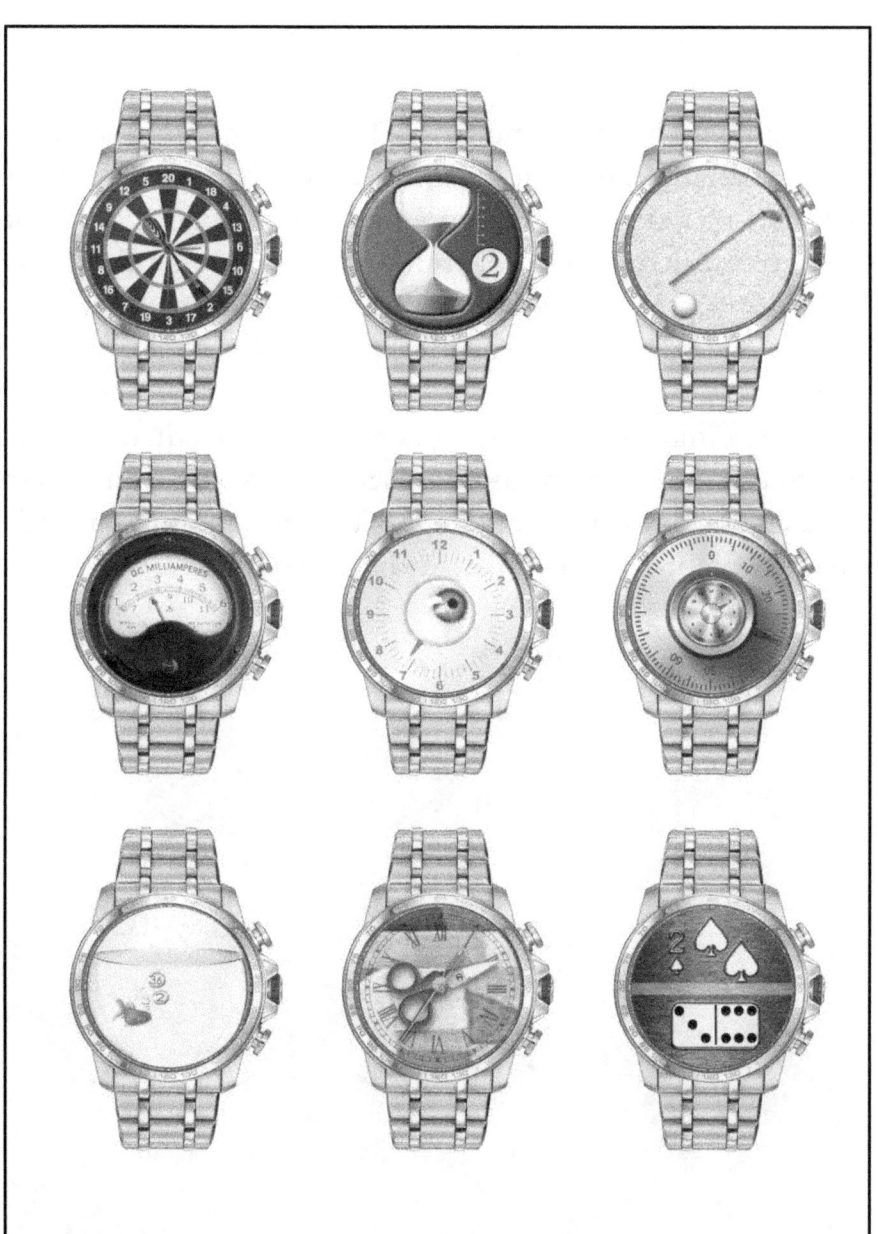

Imagen 58

25. ADIVINANZAS.

Similar a la técnica número 22, donde en este caso intentamos averiguar que grupos de música del panorama español de la lista propuesta se corresponden con las ilustraciones que elaboraremos con iconos. Se trata en definitiva de averiguar cómo comunicar a través del uso de iconos simples los nombres de grupos musicales, actores, películas, etc.

En la imagen 59, se proponen 48 nombres de diferentes grupos españoles, mientras que las imágenes 60 y 61 muestran 14 posibles soluciones gráficas para que podamos jugar a adivinar el nombre del grupo al que hacen referencia.

La oreja de Van Gogh.

Radio Futura.

El dúo dinámico.

El último de la fila.

Presuntos implicados.

Los toreros muertos.

Danza invisible.

Siniestro total.

Extremoduro.

Barricada.

Seguridad social.

Pereza.

Hombres G.

El sueño de Morfeo.

Obús.

Ilegales.

Mepone Vanessa.

Leño.

Héroes del silencio.

Pata negra.

Tahures zurdos.

Tequila.

Kaka de luxe.

Mocedades.

Pignoise.

Estopa.

Alaska y Dinarama.

Glutamato Ye yé.

No me pises que llevo chanclas.

Golpes Bajos.

Mecano.

Jarabe de Palo.

El canto del loco.

Objetivo Birmania.

Modestia aparte.

Nacha pop.

Dinamita pa los pollos.

Efecto pasillo.

Los elegantes.

La quinta estación.

El niño gusano.

Vetusta Morla.

Los secretos.

Los planetas.

Locomía.

Un pingüino en mi ascensor.

Love of lesvian.

Olé olé.

Imagen 59

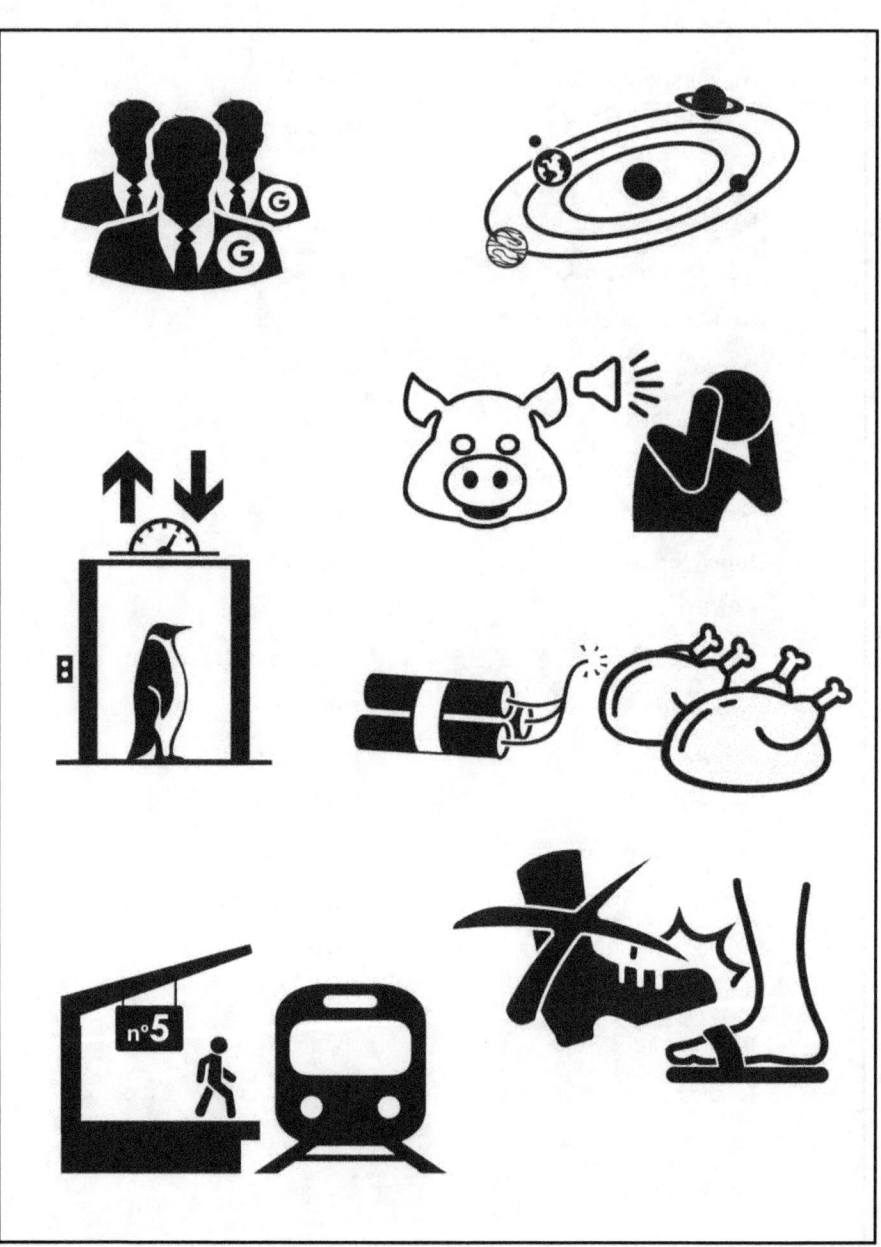

Imagen 60

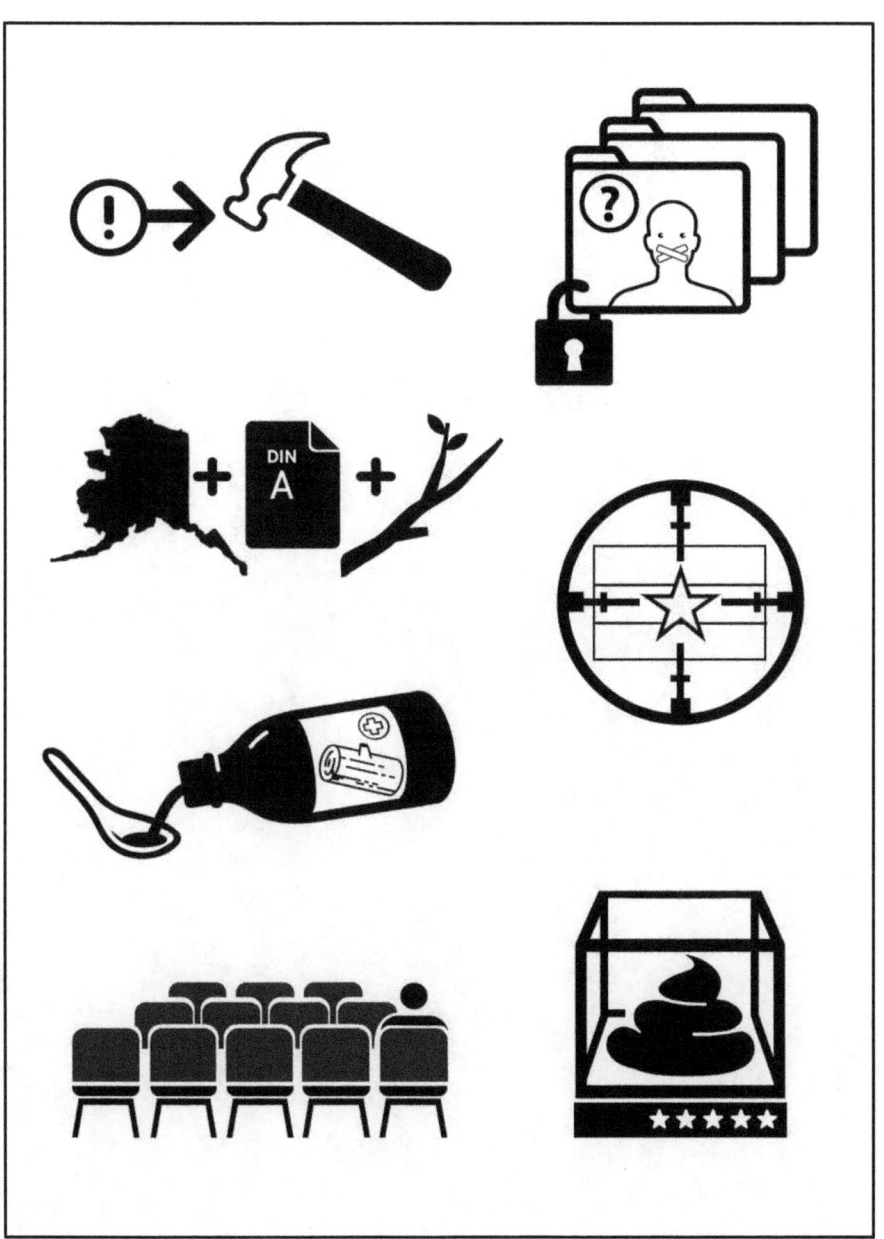

Imagen 61

Conclusiones:

Si bien somos conscientes de la complejidad que entraña la estimulación creativa a partir de determinadas propuestas gráficas, hemos tratado de reunir una mínima muestra acompañada de posibles respuestas, de forma que pueda propiciar un primer contacto enfocado a elaborar a su vez nuevos planteamientos y enfoques, así como a descubrir muchas otras técnicas ya consolidadas a las que no hemos hecho referencia.

Creemos conveniente proporcionar en la mayor parte de las propuestas un estímulo inicial para la creación, sobre todo al comienzo de la puesta en práctica de las técnicas con un alto componente gráfico y visual. Igualmente pensamos que mediante el dibujo podemos iniciarnos en las diferentes prácticas sin necesidad de poseer conocimientos específicos sobre otros procedimientos, técnicas o materiales.

Así mismo uno de nuestros mayores propósitos es la divulgación en la medida de lo posible de este tipo de prácticas, para mostrar así todo su potencial y aunque restringido aquí al ámbito artístico, dicho potencial si es compartido puede a su vez mejorar y evolucionar. Las estrategias gráficas ayudan a una comprensión más efectiva sobre la solución creativa de problemas, refuerzan y fortalecen el pensamiento divergente y estimulan nuestra creatividad, por ello creemos que es posible una revisión y un redescubrimiento de dichas técnicas para poder seguir avanzando en el desarrollo creativo.

Se trata pues, de promover todas aquellas herramientas que, desde todas las áreas, favorezcan un desarrollo creativo, concebidas previamente como experiencias que requieren de elaboraciones más o menos complejas, pero que en cualquier caso en el área de la creación gráfica y visual van más allá de la libre creación.

Referencias Bibliográficas

Domínguez, M. (2018). *Técnicas gráficas de estimulación creativa: ejemplos de propuestas y respuestas visuales.* Creatividad y Sociedad (28)
Recuperado de: http://www.creatividadysociedad.com

Fuentes Martín, J. M. y Tejada Romero, P. L. (2013). *La creatividad visual: Técnicas y Aplicaciones.* Creatividad y Sociedad (20)
Recuperado de: http://www.creatividadysociedad.com/articulos/20/6.%20La%20creatividad%20visual_tecnicas%20y%20aplicaciones.pdf

Simberg, A. L. (1975). *Los obstáculos a la creatividad.* En Davis y Scott (Comps.), *Estrategias para la creatividad* (pp. 123-141). Buenos Aires: Paidós.

Marina, J. A. (2006). *La inteligencia fracasada. Teoría y práctica de la estupidez.* Barcelona: Anagrama.

Vigotsky, L. (2008). *La imaginación y el arte en la infancia.* México: Coyoacán.

Bibliografía recomendada

Aguirre, I. (2000). *Teorías y prácticas en educación artística.* Pamplona: UPN.

Arnheim, R. (1986). *El pensamiento visual.* Barcelona: Paidós.

Barrena, S. (2007). *La razón creativa: crecimiento y finalidad del ser humano según C. S. Peirce.* Madrid: Rialp.

Barron, F. (1976). *Personalidad creadora y proceso creativo.* Madrid: Marova.

Beaudot, A. (Ed.). (1980) *La Creatividad.* Narcea: Madrid.

Boden, M. (1994) *La Mente Creativa. Mitos y Mecanismos.* Barcelona: Gedisa.

Bohm, D. (2002). *Sobre la creatividad.* Barcelona: Kairós.

Cameron, J. (2016). *El camino del artista.* Barcelona: Aguilar.

Csikszentmihalyi, M. (1998) *Creatividad. El fluir y la psicología del descubrimiento y la invención.* Barcelona: Paidós.

De Bartolomeis, F. (1994). *El color de los pensamientos y de los sentimientos: nueva experiencia de educación artística.* Barcelona: Octaedro.

De Bono, E. (1998). *El pensamiento lateral. Manual de creatividad.* México: Paidós.

De la Torre, S. (2003) *Dialogando con la creatividad. De la identificación a la creatividad paradójica.* Barcelona: Octaedro Ediciones.

De Sánchez, M. (1991) *Desarrollo de Habilidades de Pensamiento. Creatividad.* México: Trillas.

Domínguez, M. (2018). *Arte en privado. Didáctica en una escuela de arte.* Madrid: Río Creative Art Center.

Eisner, E. W. (2004). *El arte y la creación de la mente. El papel de las artes visuales en la transformación de la conciencia.* Barcelona: Paidós.

Estera, J. (1994). *En busca del método creativo.* Madrid: ESEI.

Gardner, H. (1989). *Mentes creativas. Una anatomía de la creatividad.* Barcelona: Paidós.

Gardner, H. (1994). *Educación artística y desarrollo humano.* Barcelona: Paidós.

Gardner, H. (1995). *Inteligencias múltiples. La teoría en la práctica.* Barcelona: Paidós.

Gómez, M. E. y De Córdoba M. J. (2014). *Flexibilidad mental*. Granada: Fundación Internacional Artecittá.

Guilford, J. P. et al. (1994) *Creatividad y educación*. Barcelona: Paidós.

Hernández, C. (1999). *Manual de creatividad publicitaria*. Madrid: Síntesis.

Hernández, F. (2000). *Educación y Cultura Visual*. Barcelona: Octaedro.

López, R. (1999) *Prontuario de la Creatividad*. Santiago: Bravo y Allende.

Lowenfeld, V. y Brittain, W. L. (2008). *Desarrollo de la capacidad intelectual y creativa*. Madrid: Síntesis.

Mackinnon, D.W. (1980). *Estrategias para la creatividad*. Buenos Aires: Paidós.

Marín, R y De La Torre, S. (1991). *Manual de la creatividad. Aplicaciones educativas*. Barcelona: Vicens Vives.

Marina, J. A. (2006). *La inteligencia fracasada. Teoría y práctica de la estupidez*. Barcelona: Anagrama.

Martín, A. (2013). *Créate. Da vida a tu capacidad creativa*. Bloomington: Palibrio.

Maslow, A. H. (2001). *La personalidad creadora*. Barcelona: Kairós.

Matussek, P. (1984). *La creatividad: desde una perspectiva psicodinámica*. Barcelona: Herder.

Nuere, S. y Moreno, C. (Eds.) (2012). *Arte, juego y creatividad*. Madrid: Eneida.

Ricarte, J. M. (1998). *Creatividad y comunicación persuasiva*. Barcelona: Universitat Autónoma de Barcelona.

Seltzer, K. y Bentley, T. (2000) *La era de la creatividad. Conocimientos y habilidades para una nueva sociedad*. Madrid: Santillana.

Sikora, J. (1977). *Manual de métodos creativos*. Buenos Aires: Kapelusz.

Torrance, P. (1969). *Orientación del talento creativo*. Buenos Aires: Troquel.

Torrance, P. y Myers, R. (1976). *La Enseñanza Creativa*. Madrid: Santillana.

Ulmann, G. (1972). *Creatividad*. Madrid: Rialp.

Vigotsky, L. (2008). *La imaginación y el arte en la infancia*. México: Coyoacán.

Waisburd, G. (2004). *El poder de tu creatividad. Manual para desarrollar la creatividad*. México: American Books.

Weisberg, R. (1987). *Creatividad. El Genio y Otros Mitos*. Barcelona: Labor.

Ensayo breve: *El deshecho creativo.*

Deshacer la creatividad, hacer que esta pierda su condición y su concepción primigenia. A esto nos referimos cuando hablamos del deshecho creativo. En desbaratar la creatividad estamos empleado demasiado tiempo y demasiados recursos. Manoseada, pervertida y contaminada, así se encuentra la creatividad. En pocos lugares la podemos descubrir sana, viva, exultante e impoluta, con toda su sazón o en su estado de perfección idóneo.

La creatividad aplicada a todos los ámbitos, a todas las disciplinas, a todas las áreas, se percibe realmente de forma muy contenida. Tanto se ha escrito y se ha dicho, que ya no distinguimos con un mínimo de seriedad qué hay de incuestionable en todo lo que acontece sobre creatividad, porque para recorrer el laberinto de la creatividad, previamente debemos percibirla a nuestro alrededor, hallarla sin obstáculos, difundirla.

Supondría un enorme esfuerzo diseñar el mapa de la creatividad, con sus rutas, lugares de interés, atajos y simbología específica. ¿Cómo comunicar la complejidad del proceso creativo? ¿Cómo exponer de forma simple y directa toda la verdad sobre la creatividad? Primero hay que establecer prioridades, admitir que el diseño del mapa no es lo realmente complicado, porque lo peliagudo y arriesgado sería afirmar que todos los que se aproximasen a dicho mapa serían capaces de interpretar correctamente la adaptación al lenguaje cartográfico. Comprender y asimilar la información que tiene como propósito facilitar la correcta toma de decisiones destinadas a ser más creativos, puede resultar una empresa complicada si no estamos predispuestos a ello, si poseemos bloqueos perceptivos.

Extirparlos sería entonces nuestra máxima prioridad.

Creatividad demandada por todos y en todos los lugares, empresas, instituciones, facultades, escuelas, medios de comunicación, etc. En cuantiosas ofertas de empleo se solicitan personas creativas, personas que detectarán poco tiempo después que esa incipiente demanda no es considerada, ni recompensada y mucho menos adecuadamente retribuida. La cualidad debe ser atendida como se merece, debe ser apreciada, enseñada, entrenada y correctamente remunerada o corremos el riesgo de reducir la creatividad a la más simple superficialidad, desvirtuada y despojada de su valor real.

Es oportuno reclamar creatividad, insistir en su utilidad, pero para ello la precariedad mental no debe ser ensalzada y aceptada, la sociedad no debe olvidarse de su responsabilidad y potenciar todas las herramientas generadoras de conocimiento que tenga a su alcance, fomentar el saber, la cultura y no al contrario. Difícil tarea, cuando el materialismo nos vende la felicidad como un producto que debemos adquirir a toda costa. Seremos más y más felices cuanto más tiempo nos dediquemos a nosotros mismos, individualismo feroz, capitalista e inhumano donde prima el beneficio propio sobre cualquier otra consideración. Para ser feliz haz lo que te gusta, sé egoísta, por supuesto, pero despilfarra para lograrlo.

Recomendable es hacer lo que nos gusta, inclusive podemos permanecer constantemente en nuestra zona de confort. Así llamamos a la rutina autoimpuesta que nos permite continuar con un estilo de vida sin demasiados sobresaltos y sin excesivas complicaciones. ¿Para qué complicarnos la existencia? Seremos menos creativos, pero indudablemente nos sentiremos más seguros y menos expuestos. Si nos acercamos a todas aquellas cosas que anteriormente rechazamos por desconocidas podremos sentir cierto temor inicial, pero hay que buscar respuestas, ambicionar el conocimiento, explorar e investigar. Curiosear es del todo necesario para ser creativo, porque de esta forma nuestra sensación de seguridad aumentará al ser conscientes de nuestro ascendente potencial creativo. Consecuentemente cuantas más experiencias enriquecedoras tengamos, mejor y leer es una de esas fructíferas experiencias, pero también hay quien presume de no haber leído nunca un libro o de saber leer para cultivarse únicamente con las ambiciones y reflexiones de una *princesa*.

Una certeza creativa más: escribir es beneficioso y muy recomendable para ensanchar nuestra creatividad, es suficiente con escribir un poco, lo que sea, pero todos los días. Sin embargo, para escribir hay que arriesgarse a leer, escoger la lectura y apagar la televisión o por el contrario optar por una televisión sin originalidad alguna y que rezuma mediocridad por todos sus canales ¿difícil o fácil elección? ¿Existe tal disyuntiva o no hay dilema posible? La consulta parece sencilla, pero la mediocridad es infecciosa y se propaga rápidamente. Es una secta de la que es agotador salir una vez te has introducido, porque implica retornar al pensamiento.

La televisión desabastecida de creatividad comienza a rebosar ignorancia, ignorancia que por sí sola es más que suficiente para crear un anuncio, una sección o un programa completo en *prime time*. La ignorancia crea tendencia, es un valor al alza, entretiene, hace gracia, divierte, vende, consigue cuota de pantalla y es vitoreada.

Las mujeres y hombres (y viceversa) que patean el diccionario, se expresan incorrectamente y se enorgullecen de su incultura, están escalando posiciones, su vida es atrayente, seductora, no requieren de preparación alguna, no necesitan formarse o ensayar un guion, basta con ser uno mismo. Solamente con eso puedes ser el invitado estrella, el entrevistado. ¿Me entiendes? Actualmente son los reyes del barrio, los Kings, gente que hace tanto ruido al hablar que no se escucha ni a sí misma, personas que no reconocen su incompetencia ni sus límites porque no los ven, al igual que su ceguera atenúa las habilidades ajenas.

El diferente, el raro, es hoy quien posee conocimiento y vergüenza, quien sufre. El síndrome LMS (Lisa Marie Simpson) por bautizarlo de alguna forma, describe el aislamiento, la consternación constante, la impotencia y el desconsuelo al que están sometidas aquellas personas con ciertos valores intelectuales al verse rodeadas de una mediocridad inmutable y despreocupada que duerme a pierna suelta, pero que inexorablemente arrastrara al resto hacia el desastre. Lisa no pega ojo ante la incomprensión de las injusticias, ante la crudeza de la sociedad que le rodea y ante la falta absoluta de creatividad. Cansada de segundas y terceras partes, del enésimo remake, del cine de superhéroes, advierte y huele la superficialidad a kilómetros de distancia y ya ni se molesta en intentar que el resto comprenda las sinrazones que día tras días nos golpean con dureza, lo ha intentado miles de veces y es como hablarle a un botijo. Resignada a vivir entre mezquindad sin término medio, doblegada ante la insensibilidad adyacente, ya solo piensa en mantenerse al menos cuerda.

Sin embargo, a la superficialidad no le angustia su condición, al contrario, las personas limitadas e incompetentes creen que son más inteligentes que el resto, presumen de tener eternamente razón y jamás se cuestionan.

Las personas creativas usan su inteligencia para rebatir y dudar, dudar infatigablemente, mientras que las personas ignorantes, no dudan pues irradian una seguridad firme y pasmosa. Seguridad avalada por su absoluta ignorancia, que pasean y airean siempre que les es posible. Ignorancia temible y perturbadora para quien la posee, pues con ella somos cautivos del poder, dependientes siempre de alguien o de algo, manipulables, frágiles y esclavos del sistema feroz, que anhela sumisión. Nos quieren así, sin razones, sin argumentos, sin esa creatividad que nos hace insubordinados, que nos mantiene alerta, curiosos, leídos e informados. Creatividad que nos ayuda a pensar, a ser y a percibir, generando una autonomía e independencia que a nosotros nos hace libres y a ellos les da pavor.

Vivir en la superficialidad no es plenamente vivir, aunque así lo crea quien vive en ella. Lo realmente peligroso y lo triste, es que la mediocridad constituya mayoría. En un sistema democrático esa gran masa decidirá por todos y con sus votos determinarán que otros tomen decisiones que pueden ser angustiosamente irreversibles, porque cuanto mayor es el poder que se le otorga a la incompetencia, más deterioro puede llegar a causar.

La creatividad genera autoestima y autoconfianza, nos sentimos realizados cuando gracias a ella, somos ágiles resolviendo situaciones de forma original y útil. Sabemos también que hay factores determinantes en su desarrollo, que tienen que ver con el tiempo, la dedicación y los mecanismos que utilizamos para cultivar nuestra creatividad, donde debemos centrarnos también en el proceso y no solo en los posibles resultados. El saber y los conocimientos adquiridos a lo largo de nuestra existencia, combinados con la imaginación darán sin lugar a duda buenos frutos.

Deducimos entonces, que para evitar menospreciar la creatividad sería muy conveniente desarrollarla eficazmente, evitando banalizaciones, empleándola de forma que quienes poseen conocimientos no tiendan a subestimar su capacidad e intentando que quienes carecen de esa capacidad, mejoren y reflexionen sobre su incompetencia, pues cuando cultivamos una carencia comenzamos a ser realmente conscientes de la misma y surge de nosotros mismos el deseo de terminar con nuestra propia ignorancia. Por todo ello, sabemos que para que la creatividad regrese a su lugar de origen y recupere su calidad debe existir y prevalecer el conocimiento.

www.ingramcontent.com/pod-product-compliance
Lightning Source LLC
Chambersburg PA
CBHW071434180526
45170CB00001B/343